Le pouvoir
de la bonté

Ce livre est une version revue et augmentée de l'ouvrage *Une Politique de la bonté* (éd. Claire Lumière, 1993), paru initialement sous le titre *A Policy of Kindness* (Snow Lion Publications, New York, 1990).

© Sidney Piburn, 1990.
© Presses du Châtelet, 2004.
Toute reproduction d'un extrait quelconque de ce livre par quelque procédé que ce soit, et notamment par photocopie ou microfilm, est interdite sans autorisation écrite de l'éditeur.

Sa Sainteté le Dalaï-Lama

Le pouvoir de la bonté

Textes réunis par Sidney Piburn
Traduit de l'anglais par Damien Mastelle
Préface de Matthieu Ricard

MARABOUT

Sommaire

Préface 9
Introduction 21

1. Le Bouddha vivant du Tibet 27
2. Sur sa vie 41
3. Une vie dans un jour 59
4. Bonté et compassion 67
5. Développer la compassion 79
6. Coopération entre les religions 103
7. Aux bouddhistes occidentaux 117
8. Raison, science et valeurs spirituelles 139
9. Méditation 151
10. Pour une vie saine 173
11. Protection de l'environnement 189
12. Plus loin avec le dalaï-lama 193
13. Discours du prix Nobel 203
14. Allocution du soir du Nobel 225
15. Droits de l'homme et responsabilité universelle 243
16. Un espoir pour le troisième millénaire ... 251

Sources 263
Bibliographie 269

La tête renversée, les yeux plissés, il lance un éclat de rire... Comme la plupart des Tibétains, il est doté d'un grand sens de l'humour et, quand il rit, c'est avec tout son corps. Son rire, merveilleusement libre, commence dans un rugissement grave et guttural, puis s'évanouit très haut dans les aigus : on dirait que ses treize incarnations précédentes rient avec lui. Qu'après tout ce qu'il a enduré il soit capable de rire face à l'adversité est le signe qu'il a trouvé la paix intérieure.

Michael Goodman

Le Dernier Dalaï-Lama ?

Préface

Lorsqu'il enseigne l'art de la compassion et le sens de la vacuité, vérité ultime et difficilement accessible, devant une audience de croyants et de non-croyants – peu importe leur religion, peu importe s'ils n'en ont pas –, Sa Sainteté le dalaï-lama commence toujours par leur conseiller d'approfondir leurs propres traditions plutôt que de changer de religion : « Si vous êtes nés chrétiens, juifs ou musulmans, il vaut mieux suivre la tradition spirituelle qui prévaut dans votre pays, avec laquelle vous avez grandi, et qui fut celle de vos ancêtres. Je ne viens pas ici faire un ou deux bouddhistes de plus. » Pourtant, la popularité du bouddhisme et celle du dalaï-lama lui-même ne cessent de grandir. En septembre 2003, 200 000 personnes sont venues l'écouter à Central Park à New York ; en octobre, 10 000 personnes ont suivi chaque jour ses discours pendant une semaine au palais omnisports de Bercy, à Paris. Une popularité que confirme un récent sondage allemand, révélant que 33 % de la population considèrent le dalaï-lama comme la personne

« la plus sage » du moment, contre 14 % pour le pape. L'intérêt et la sympathie qu'il suscite ne font donc aucun doute. Mais comment les expliquer ? Et qu'enseigne-t-il vraiment ?

Son message est toujours le même : « Toute personne, même hostile, est comme moi un être vivant qui redoute la souffrance et aspire au bonheur, elle a tous les droits d'être épargnée par la souffrance et d'obtenir le bonheur. Cette réflexion nous amène à nous sentir profondément concernés par le bonheur d'autrui, notre ami comme notre ennemi. C'est la base d'une compassion authentique. »

Le dalaï-lama nous exhorte à développer le potentiel de bonté et d'amour que nous possédons tous. Faisant appel à notre expérience quotidienne, il nous montre comment devenir un « bon être humain » et tirer le meilleur de notre existence. Il donne souvent des conseils extrêmement simples qui nous aident à revenir aux points essentiels qu'il nous faut cultiver. Mais qu'on ne prenne pas cette simplicité pour un manque de profondeur. Si le sujet d'un enseignement ou d'une conversation touche à des questions philosophiques, métaphysiques ou spirituelles, il sait entrer dans une richesse de vues dont la complexité désarçonne les plus érudits.

RELIGION, PHILOSOPHIE OU ART DE VIVRE ?

Le bouddhisme est avant tout un chemin de transformation, et son but est le bonheur authentique. Une aspiration universellement partagée. Mais qui ne se limite pas pour les bouddhistes à la recherche de sensations agréables ou de plaisirs intenses, rien de cela n'approchant la félicité qui caractérise selon eux le bonheur véritable : un profond bien-être, ressenti par un esprit aussi sain que serein, capable d'accueillir toutes les joies et toutes les peines de l'existence. Un état de sagesse affranchi de toute haine, de tout désir obsessionnel, mais aussi de l'orgueil et de la jalousie. « Si quelqu'un emménage dans un appartement luxueux au centième étage d'un immeuble tout neuf en n'y étant pas heureux, tout ce qu'il cherchera, c'est une fenêtre par laquelle se jeter », rappelle le dalaï-lama.

L'échec, la ruine, la séparation, la maladie et la mort étant à tout moment susceptibles de réduire en cendres notre petit coin de paradis, c'est en soi-même, en effet, que l'on doit découvrir et cultiver la paix intérieure. « Si l'on observe les différentes sensations physiques et mentales de plaisir et de souffrance, on constate que tout ce qui se déroule dans l'esprit a davantage de force, poursuit le dalaï-lama. Si l'on est inquiet ou déprimé, on prête à peine attention au cadre extérieur, si magnifique soit-il. Tandis qu'à l'inverse, quand on se sent profondément heureux, on peut aisément faire face aux situations les plus difficiles. »

UN REGARD DE MÉDECIN

Selon le bouddhisme, un être égoïste et malveillant est un malade. Un médecin peut éprouver de la peine devant la maladie ou la folie d'un patient, mais son but est de le soigner, non pas de le condamner ou de le punir. Dans cette perspective, il convient de considérer ceux qui nous font du tort comme des individus empoisonnés par l'animosité, l'avidité, l'arrogance et la jalousie. Il faut les empêcher de nuire sans pour autant devenir comme eux en agissant sous l'emprise de la haine. Ne nous battons pas contre un être, mais contre une émotion ou un comportement. Essayons d'aider le criminel à changer.

UNE MEILLEURE HARMONIE ENTRE LES RELIGIONS

L'Histoire n'a cessé de démontrer combien les religions sont souvent devenues des sources de conflits majeurs. Le dalaï-lama déclare :

« À l'origine, toutes les grandes traditions religieuses ont pour but d'améliorer l'homme, non pas de lui nuire. On retrouve dans toutes les spiritualités la notion d'amour du prochain, même si cet idéal a été maintes fois démenti par les faits. Une telle perversion se produit quand on brandit la religion comme un drapeau, qu'on la transforme en diktat, sans en comprendre ni en pratiquer le sens profond. » Pour remédier à cet état de fait, le dalaï-lama encourage les rencontres entre les érudits, réunions qui permettent de mieux connaître les fondements philosophiques des diverses religions et d'ouvrir le dialogue entre les contemplatifs qui partagent le sens profond de leurs expériences personnelles.

UN ALTRUISME SANS LIMITES

Le bonheur a pour composante naturelle l'altruisme, qui rayonne hors de soi au lieu d'être centré sur soi. Celui qui est en paix avec lui-même contribuera spontanément à la paix de sa famille, de son voisinage, de son village et, si les circonstances s'y prêtent, de son pays même. Par sa sérénité et sa plénitude, l'homme heureux facilite naturellement le bien-être de la société dans laquelle il vit. La transformation de soi permet de mieux transformer le monde.

Du point de vue de l'expérience quotidienne, on pourrait se demander si le dalaï-lama éprouve de la haine envers les Chinois qui ont envahi son pays et causé la mort d'un million de Tibétains, soit un cinquième de la population du Toit du monde. Sa réponse est sans équivoque : « Puisque les Chinois sont nos frères et sœurs humains, nous avons toutes les raisons d'être concernés par leur sort. Une telle compassion ne dépend pas de l'attitude de la personne pour laquelle on la ressent. Se sentir concerné par le sort de quelqu'un parce qu'il est bien disposé à notre égard, ce n'est pas de la compassion. Même hostile, l'autre est, comme moi, un être humain qui redoute la souffrance et aspire naturellement au bonheur. »

UNE MOTIVATION JUSTE
Le dalaï-lama rappelle souvent à quel point il est important de vérifier constamment la motivation profonde qui anime nos actes et d'abandonner toute action qui n'est pas destinée au bien des êtres ou, pire, qui peut leur nuire. Pour simple que paraisse ce principe, sa réalisation demande à l'évidence une transformation de soi et une honnêteté foncière qui sont les conditions préalables et indispensables à toute action juste. Pour

avoir longtemps côtoyé le dalaï-lama, je peux témoigner que cette motivation est sa préoccupation première. S'il médite quatre heures par jour, tous les jours de l'année, depuis presque soixante ans maintenant, ce n'est pas simplement pour se détendre d'un rythme de vie intense, mais pour développer davantage d'amour altruiste et de compassion.

LA RESPONSABILITÉ UNIVERSELLE

Le dalaï-lama met constamment l'accent sur la prise de conscience que chacun de nous, en tant que membre de la famille humaine, peut être un artisan de la paix et un protecteur des êtres vivants. L'amour et la compassion vont de pair avec la notion d'interdépendance qui est au cœur de la philosophie bouddhiste. Notre vie entière est intimement liée à un très grand nombre d'êtres et notre bonheur passe nécessairement par celui des autres. Vouloir le construire sur la souffrance d'autrui est non seulement amoral, mais irréaliste. Tout changement important qui se produit quelque part dans le monde a des répercussions sur chacun d'entre nous. D'où la nécessité de non-violence entre les hommes, non-violence envers les animaux, non-violence à l'égard de l'environnement. « Rechercher le bonheur en restant indifférent à la souffrance des autres est une erreur tragique », enseigne le dalaï-lama.

UNE ÉTHIQUE SÉCULIÈRE

Le dalaï-lama insiste souvent sur le fait qu'on peut se passer de religion, mais que personne ne peut se dispenser d'amour et de compassion. Nous avons besoin de recevoir et de donner de l'amour du jour de notre naissance jusqu'à celui de notre mort. Il distingue la religion de l'éthique séculière, ou spiritualité laïque, dont le but est de faire de nous de meilleurs êtres humains, de développer des qualités que nous avons tous la faculté d'engendrer, que nous soyons croyants ou non. L'éducation moderne a pour objectif d'engranger des connaissances et de développer l'intelligence. Or cette dernière est une arme à double tranchant. Elle peut faire autant de bien que de mal, être utilisée pour construire comme pour détruire. Selon le dalaï-lama, il est nécessaire que l'éducation accorde autant de place au développement des qualités humaines qu'à celui de l'intelligence.

LA NON-VIOLENCE : UNE FAIBLESSE ?

« Le désarmement extérieur passe par le désarmement intérieur, dit souvent le dalaï-lama. Si l'individu ne devient pas pacifique, une société qui est la somme de ces individus ne le deviendra jamais. » Cette réforme des individus doit, bien sûr, inclure en premier lieu les dirigeants ! Le dalaï-lama met constamment l'accent sur le fait inacceptable que les nations occidentales se livrent au commerce des armements – quitte ensuite à se faire tirer dessus avec les armes qu'elles ont vendues ! Il est inadmissible que les pays occidentaux qui se disent « civilisés », qui prétendent établir la paix dans le monde, vendent des instruments de mort pour des raisons bassement commerciales. On sait que 95 % des armements mondiaux sont vendus par les cinq membres permanents du Conseil de sécurité des Nations unies.

« Les raisons pour lesquelles je m'en tiens résolument à une position de non-violence, alors même que certains Tibétains préconisent une forme plus violente de résistance contre la Chine, sont d'ordre spirituel mais aussi pratique. Du point de vue conceptuel, je pense que l'amour fait partie intégrante de la véritable nature humaine. Résoudre un conflit par la raison plutôt que par la force donne le sentiment d'agir de façon juste et procure une profonde satisfaction. L'usage de la violence fait nécessairement naître chez l'autre – sauf s'il est d'une sagesse exceptionnelle – un ressentiment durable qui sera source de nouveaux conflits. Il est difficile d'imposer un changement à quiconque sans d'abord changer son état d'esprit. C'est par des raisonnements valables, exposés avec bonté, que l'on peut changer l'attitude de quelqu'un, et non par la contrainte. L'histoire de l'humanité a démontré que l'usage de la violence a toujours débouché sur de nouvelles violences. La violence ressemble à un médicament trop puissant qui terrasse la maladie mais dont les effets secondaires détruisent la santé. De plus, je suis convaincu que la non-violence est en harmonie avec notre nature profonde. Nous autres, Tibétains, avons déjà beaucoup souffert. À quoi bon aggraver nos problèmes, en exerçant la violence ? Le plus important, c'est d'avoir du cœur. Telle est ma vision des choses. »

UN NOUVEAU DIALOGUE AVEC LA SCIENCE
Le dalaï-lama passe beaucoup de son temps à se demander comment le bouddhisme et d'autres disciplines peuvent s'enrichir mutuellement. Les 13 et 14 septembre 2003 s'est tenue au célèbre MIT de Boston (Massachusetts Institute of Technology) une rencontre

passionnante entre le dalaï-lama et d'éminents scientifiques, qui marque sans doute un tournant historique dans les rapports entre science et spiritualité. La précision avec laquelle certains intervenants bouddhistes ont décrit leurs méthodes d'investigation des événements mentaux, leurs techniques de visualisation et le processus de transformation de leur tempérament a conduit le Pr Stephen Kosslyn, de l'université de Harvard, l'un des spécialistes mondiaux de l'imagerie mentale, à déclarer : « Il est important que nous manifestions notre modestie face à une telle expérience du fonctionnement des pensées et de leur maîtrise. »

À la suite de la rencontre de Boston, la onzième d'une série de dialogues mémorables entre le dalaï-lama et des scientifiques de haut niveau, organisés depuis 1985 par l'Institut Mind and Life (« Esprit et Vie »), plusieurs programmes de recherches ont été envisagés. Ces recherches visent non seulement à mieux connaître les mécanismes cérébraux liés à la vie émotionnelle, l'attention et l'imagerie mentale, mais permettent également d'envisager la méditation comme un entraînement de l'esprit, comme une réponse pratique à l'éternel casse-tête que constitue la gestion des émotions destructrices. En conclusion, le dalaï-lama a fait remarquer : « En exerçant leur esprit, les gens peuvent devenir plus calmes, plus sereins, plus altruistes. C'est là mon objectif principal : je ne cherche pas à promouvoir le bouddhisme, mais plutôt la façon dont la tradition bouddhiste peut contribuer au bien de la société. »

Le présent ouvrage répond à cette volonté essentielle du dalaï-lama : il propose différentes clés, aussi bien théoriques que pratiques, issues de la tradition bouddhiste, pour avancer sur le chemin de la paix.

Matthieu Ricard

Introduction

Bien qu'il ne veuille être rien d'autre qu'un simple humain, le dalaï-lama est connu dans le monde entier comme un infatigable travailleur de la paix, ainsi qu'un maître spirituel doté du don de transmettre de grandes vérités d'une manière accessible à tous. Sa chaleur humaine, son sens contagieux de l'humour, son intellect pénétrant et son humilité désarmante lui ont gagné de nombreux amis et admirateurs dans le monde. Personnalité complexe, aux multiples facettes, le dalaï-lama, érudit fin et accompli, est capable de s'adresser à un large public de façon simple et directe, profonde dans son caractère familier, touchant le cœur des auditeurs. Le présent ouvrage mêle les fils de sa vie et ceux de ses conférences et de ses écrits afin de donner un portrait complet de cet homme remarquable.

Tenzin Gyatso est né dans une famille de paysans de l'Amdo, dans l'Est du Tibet, en 1935, et fut reconnu à l'âge de deux ans par un groupe de recherche détaché par le gouvernement et par d'éminents lamas comme étant la quatorzième incarnation de la lignée des dalaï-lamas. À quatre ans, il fut conduit à Lhassa et officiellement intronisé en tant que dalaï-lama.

À la suite de l'invasion chinoise et de l'occupation du Tibet en 1950 et après la vaste révolte populaire contre l'occupant chinois de 1959, le dalaï-lama ainsi que cent mille Tibétains traversèrent l'Himalaya pour gagner l'Inde et les pays voisins. En Inde, il dessina les grandes lignes d'une constitution démocratique, mit sur pied un gouvernement en exil et commença à établir des institutions destinées à former la base d'une nouvelle société tibétaine : des écoles, des hôpitaux, des orphelinats, des coopératives artisanales, des communautés agricoles, des organismes pour la préservation de la musique et de la danse traditionnelles, des établissements monastiques. Aujourd'hui, sous sa direction, les Tibétains constituent l'un des groupes de réfugiés les mieux organisés dans le monde.

La culture tibétaine est maintenant mieux préservée *à l'extérieur* du Tibet qu'*à l'intérieur*. À l'intérieur, les Chinois, selon le rapport de la Commission internationale des juristes, ont commis un génocide culturel. En 1959, il y avait plus de six mille monastères au Tibet. En 1980, treize seulement restaient intacts. Plus d'un million des six millions d'habitants du Tibet sont morts en conséquence directe de l'occupation chinoise, dont 87 000 pour la seule ville de Lhassa (selon les estimations chinoises) lors du soulèvement populaire de 1959.

Face à ce drame, le dalaï-lama n'a pas perdu espoir, pas plus que sa détermination à obtenir justice pour son peuple. Pendant quarante ans, il a combattu le géant – la Chine –, non avec colère, mais avec compassion, sur le mode non-violent, armé de la seule légitimité de ses revendications. Sa stratégie a consisté à attirer l'attention du monde sur la situation des Tibétains, escomptant que la justice de leur cause apporterait des changements dans la politique chinoise à l'égard du Tibet. Bien avant les événements de la place Tienanmen, l'armée chinoise avait à plusieurs reprises ouvert le feu sur des manifestants tibétains sans armes. À la suite d'une de ces attaques brutales, en mars 1989, alors que des Tibétains étaient tués par centaines, Lhassa fut placée sous la loi martiale – trois bons mois avant l'épisode de la place Tienanmen. Cependant, même durant la tragédie de Tienanmen, les bulletins d'information et les politiciens ne firent que de rares mentions du Tibet. Bien que le Tibet soit approximativement de la taille de l'Europe de l'Ouest, le monde a très largement ignoré les souffrances qui l'ont frappé. Beaucoup de chefs politiques refusent de rencontrer publiquement le dalaï-lama, de peur d'offenser le gouvernement chinois.

Les Tibétains de l'intérieur et de l'extérieur ont toujours regardé le dalaï-lama comme leur leader et comme la personnification de leurs espoirs de survie en tant que peuple. En raison de sa remarquable force de caractère et de ses prises de position constantes en faveur des valeurs humaines fondamentales, indépendamment de toute idéologie politique ou religieuse, il apparaît maintenant non seulement comme le chef du peuple tibétain, mais aussi comme un leader mondial. Durant les décennies passées, il a travaillé sans relâche pour remodeler l'attitude nécessaire à l'émergence d'une société meilleure, mettant en avant l'importance de la bonté, de la compassion et de la compréhension de notre nature humaine commune, base de dialogue dans la résolution des conflits personnels et politiques. Le prix Nobel de la Paix lui a été décerné en 1989.

La sélection d'allocutions, d'entrevues et de documents biographiques que nous présentons ici a pour but de donner un aperçu de la vie du dalaï-lama, de ses multiples centres d'intérêt et de sa pensée sur des sujets qui nous concernent tous. Nous espérons que cette variété d'angles de vue apportera au lecteur une compréhension plus profonde de cet homme de paix pragmatique, entièrement voué à l'application de solutions non-violentes aux problèmes humains, qu'il s'agisse de problèmes individuels ou politiques.

Je voudrais remercier Andrew Harvey, auteur connu, qui me suggéra l'idée de ce livre et me pressa de l'entreprendre. Je voudrais aussi remercier mon ami Jeffrey Cox pour sa compréhension et ses encouragements, Christine Cox et Susan Kyser pour leur assistance aussi aimable qu'efficace dans le travail d'édition, Calvin Smith et de nombreux autres amis qui ont lu le manuscrit et fait d'utiles suggestions, et ma femme Yvonne qui m'a encouragé malgré mes nombreuses heures de travail et ma négligence des tâches domestiques. J'ai grandement apprécié l'aide de la Fondation Nobel et de nombreux éditeurs qui m'ont aimablement donné la permission d'utiliser les textes inclus dans cette anthologie. Je dois un remerciement particulier à Tenzin Téthong, représentant spécial de Sa Sainteté le dalaï-lama, pour m'avoir aidé à acquérir les transcriptions de plusieurs discours, et à Tenzin Guéché du Bureau de Sa Sainteté le dalaï-lama. Plus que tout, je veux exprimer ma très profonde gratitude à Sa Sainteté le dalaï-lama, Tenzin Gyatso, pour être, pour nous tous, un exemple qui nous montre le chemin vers un monde meilleur, par son activité désintéressée et par sa pensée.

Sidney Piburn

1

Le Bouddha vivant du Tibet

par Pico Iyer

Les chiens aboient dans la nuit himalayenne. Des lumières vacillent sur les flancs des collines. Le long d'un chemin noir comme du goudron, encadré par des pins et couvert d'une coupe d'étoiles, quelques rares pèlerins en guenilles avancent à pas traînants, marmonnant des chants rituels. Juste avant l'aube, quand la chape de neige à l'arrière-plan se pare d'un éclat rose profond, la foule qui s'est formée à l'extérieur du temple Namgyal, dans le Nord de l'Inde, se fait silencieuse. S'avance à grandes enjambées un personnage puissant, légèrement voûté, les yeux brillants et vifs scrutant la foule, le visage doux éclairé par un sourire large et irrésistible. Suivi par un groupe d'autres moines au crâne rasé, tous vêtus de robes bordeaux et couronnés de coiffes jaunes, le nouveau venu monte jusqu'à la terrasse du temple. Le soleil commence à monter. Les moines sont assis devant lui. L'appel solennel et prolongé des longues trompes résonne dans la vallée en contrebas. Alors le dalaï-lama initie une cérémonie privée pour accueillir l'année du Dragon-Terre.

Le second jour du Losar, le nouvel an tibétain, l'homme que près de quatorze millions de personnes considèrent comme un Bouddha vivant donne une audience publique. À huit heures, la foule des solliciteurs s'étire sur plus de cinq cents mètres, le long des lacets de la route de montagne qui mène à son bungalow – des montagnards à la peau épaisse, coiffés de chapeaux de gauchos, des Occidentaux aux cheveux longs, des petites filles dans leurs soies les plus jolies, en fait les six mille résidents du village, ainsi que des milliers d'autres personnes. Plus tard, trente visiteurs poussiéreux, tout juste sortis du Tibet, se pressent à l'intérieur ; en même temps qu'ils posent les yeux pour la première fois depuis des dizaines d'années sur leur chef en exil, ils remplissent la petite salle de sanglots déchirants et de reniflements. Tenzin Gyatso, souverain absolu du Tibet, maître temporel et spirituel, incarnation de la divinité tibétaine de la compassion, quatorzième dalaï-lama d'une lignée remontant 597 années en arrière, demeure serein.

Au Tibet, explique-t-il plus tard, le Losar était célébré sur la terrasse du Potala aux treize étages et des biscuits étaient préparés pour les foules. «Chaque année, j'étais vraiment inquiet quand les gens se ruaient pour attraper les biscuits. Inquiet à l'idée que le vieux bâtiment puisse s'écrouler ou que quelqu'un passe par-dessus la rambarde. Maintenant – la belle voix de baryton se brise dans un petit rire clair – les choses sont beaucoup plus calmes.»

Cela fait plusieurs décennies que le soulèvement tibétain contre les forces d'occupation chinoise a poussé le dalaï-lama à s'exiler en Inde. Cependant, l'esprit de l'antique théocratie de contes de fée reste très vivant à Dharamsala, ancienne station de montagne britannique à 350 km au nord de New Delhi. Là, secondé par un oracle d'État, des médecins, des astrologues et un cabinet de quatre hommes, le dalaï-lama, âgé de cinquante-deux ans, semble en parfaite cohérence avec tout ce qu'il a fait depuis qu'il est monté sur le Trône des lions à l'âge de quatre ans.

Bien que le «Protecteur du Pays des neiges» prolonge le secret exotisme de ce royaume d'un autre monde, réimaginé par l'Occident sous la forme de Shangri-La, il demeure néanmoins dirigeant actif dans le monde réel. Depuis sa quinzième année, il a été contraint d'assumer les besoins de son peuple face aux intérêts divergents de Pékin, Washington et New Delhi. Le personnage modeste en robe de moine relie symboliquement les cent mille Tibétains en exil aux six millions vivant encore sous la domination chinoise ; il est aussi un point de ralliement politique. « Le quatorzième dalaï-lama est peut-être le plus populaire des dalaï-lamas, dit-il avec un sourire joyeux. Si les Chinois avaient traité les Tibétains en frères véritables, alors le dalaï-lama ne serait sans doute pas si populaire. Donc – il cligne des yeux malicieusement – tout le mérite revient aux Chinois. »

Sur le papier, le dalaï-lama est une incarnation vivante d'un Bouddha, le hiérarque d'un gouvernement en exil et un docteur en métaphysique. Cependant, sa caractéristique la plus extraordinaire est sans doute son humanité robuste et sans prétention. Le Dieu vivant est, à sa manière, aussi proche de la terre que les solides chaussures brunes qu'il porte avec ses robes monastiques. Dans ses yeux brille encore la malice du petit garçon qui donnait des sueurs froides aux lamas avec ses tours imparables dans les parties de cache-cache. Il aime entretenir ses plantations de fleurs, s'occuper des oiseaux sauvages, réparer les montres et les transistors et, surtout, simplement méditer. Même à l'égard de ceux qui ont tué un million deux cent mille de ses compatriotes et détruit 6 254 de ses monastères, il demeure remarquablement patient. « En tant que pratiquants du bouddhisme mahayana, nous prions chaque jour pour développer un certain altruisme sans limite, dit-il. Il n'y a donc pas de raison de nourrir de la haine pour les Chinois. Nous devons plutôt entretenir pour eux de l'amour et de la compassion. »

Le quatorzième dieu-roi du Tibet est né dans une étable du minuscule village de Takster, en 1935. Alors qu'il avait deux ans, un groupe de moines chargé de le rechercher, guidé par un cadavre qui semblait bouger, par une vision sur un lac et par l'apparition de formes nuageuses de bon augure, le reconnut comme étant la nouvelle incarnation de la divinité tutélaire du Tibet. Deux ans plus tard, après avoir passé une série de tests très élaborés, le petit garçon fut accompagné par une caravane de centaines de personnes jusqu'à la capitale, Lhassa, le «Pays des dieux». Là, il dut vivre seul avec son frère aîné le plus proche, dans le ténébreux palais du Potala aux mille pièces. Il entreprit une formation en métaphysique comprenant dix-huit années d'étude. À sept ans, il recevait les envoyés du président Franklin Roosevelt et dirigeait des prières devant vingt mille moines attentifs; il resta cependant un petit garçon parfaitement normal qui aimait conduire à toute vitesse sa voiture à pédales dans la cour sacrée et jouer des tours à ses compagnons. «Je me souviens d'un jour d'été – je devais avoir dans les sept ans – quand ma mère me conduisit au Norbou Lingka, le palais d'Été, pour voir Sa Sainteté», se rappelle le plus jeune frère du dalaï-lama, Tenzin Cheugyal. «Quand nous sommes arrivés, Sa Sainteté était en train d'arroser ses plantes. Avant que je m'en rende compte, il avait dirigé le tuyau sur moi!»

C'est à cette époque aussi que l'enfant précoce commença à montrer ses dons prodigieux pour la technique, comprenant par lui-même les principes du moteur à combustion et réparant le groupe électrogène du palais chaque fois qu'il défaillait. Pour satisfaire son insatiable curiosité pour un monde qu'il n'était autorisé à voir qu'à travers les rideaux aux bordures de soie de son palanquin doré, le jeune dirigeant installa un projecteur grâce auquel il pouvait dévorer goulûment les films de Tarzan, *Henry V* et, plus que tout, des films d'amateur sur sa propre capitale. Il se rappelle souvent qu'il montait un télescope sur la terrasse du palais et regardait, non sans regret, les garçons et les filles de Lhassa mener leur vie insouciante.

En 1950, l'isolement du « Joyau qui accomplit les souhaits » et de son royaume montagneux fut brisé par une attaque chinoise menée de sept directions différentes. Soudain, le jeune chef fut obligé de prendre en catastrophe une leçon de science politique, se rendant à Pékin pour négocier avec Chou En-laï et Mao Tsé-toung. En mars 1959, alors qu'une confrontation sanglante semblait imminente, trente mille Tibétains décidés s'étant soulevés contre la domination chinoise, le dalaï-lama se glissa hors de son palais d'Été déguisé en simple soldat et se fraya un chemin au travers des plus hautes montagnes du monde. Deux semaines plus tard, souffrant de dysenterie, monté sur le dos d'un dzo – hybride du yak – le « Détenteur du lotus blanc » arrivait en Inde pour s'y réfugier.

Depuis lors, il a dû se maintenir dans une position délicate : hôte d'une nation qui préférerait le voir garder le silence, il est l'ennemi d'une nation qu'une grande partie du monde s'efforce de courtiser. Sans se décourager, le dalaï-lama a organisé cinquante-trois cantonnements tibétains en Inde et au Népal et créé des instituts pour préserver les arts, les textes et les traditions médicales de son pays. Ces dernières années, il a commencé à parcourir le monde à la manière d'un Jean-Paul II bouddhiste, donnant des conférences à Harvard, rencontrant le Pape et veillant sur ses fidèles, qu'ils soient des paysans illettrés ou l'acteur américain Richard Gere (qui étudie le bouddhisme depuis 1982). Toujours enclin à voir le bon côté des choses, il pense que l'exil, d'une certaine façon, a été une bénédiction. « Quand nous étions au Tibet, certaines cérémonies prenaient beaucoup de temps, mais leur substance n'était pas bien grande. Rien de tout cela n'existe plus. Comme nous sommes réfugiés, nous devons être beaucoup plus réalistes. Cela ne servirait à rien de faire semblant. »

Beaucoup de jeunes Tibétains aimeraient que leur leader soit plus militant. Faisant amèrement remarquer qu'il y a plus de trois mille prisonniers politiques pour le seul Tibet central et que Pékin maintient au moins trois cent mille hommes de troupe sur le «Toit du monde», ils prônent la violence. Mais le dalaï-lama refuse de céder à l'impatience. «Une fois que votre esprit est dominé par la colère, dit-il pensivement, il devient comme fou. Vous ne pouvez prendre de bonnes décisions et vous ne pouvez pas voir la réalité. Mais si votre esprit est calme et stable, vous verrez toute chose exactement comme elle est. Je crois que tous les hommes politiques ont besoin de ce type de patience. Par exemple, comparé aux précédents dirigeants soviétiques, Gorbatchev, me semble-t-il, est beaucoup plus calme. Par conséquent, plus efficace.»

Le pacifisme, cependant, ne signifie pas la passivité. «Au bout du compte, poursuit-il, les Chinois devront réaliser que le Tibet est un pays séparé. Si le Tibet avait toujours véritablement fait partie de la Chine, alors, que les Tibétains le veuillent ou non, ils devraient se conformer à cette situation. Mais ce n'est pas le cas. C'est pourquoi il est tout à fait légitime que nous exigions nos droits.»

Le dalaï-lama passe beaucoup de son temps à se demander comment le bouddhisme et d'autres disciplines peuvent s'enrichir mutuellement. Il pense, par exemple, que le bouddhisme peut enseigner au marxisme comment entretenir un authentique idéal socialiste, « non par la force, mais par la raison, par un entraînement très doux de l'esprit, par le développement de l'altruisme ». Il voit de nombreux points de contact entre sa foi et la psychologie, la cosmologie, la neurobiologie, les sciences sociales et la physique. « Il y a de nombreuses choses que nous, les bouddhistes, devons apprendre des dernières découvertes scientifiques. Et les scientifiques peuvent retirer des enseignements des théories bouddhistes. Nous devons mener des recherches et ensuite accepter les résultats. Si les théories ne résistent pas à l'expérience, dit-il avec une sorte de joie subversive, les paroles mêmes du Bouddha doivent être rejetées. »

Un tel radicalisme tranquille a parfois ébranlé des disciples si dévoués qu'ils seraient prêts à donner leur vie pour leur chef. Dans le schéma de constitution qu'il proposa en 1963, le Dieu-Roi inséra, contre les souhaits de son peuple, une clause permettant de le mettre en accusation. Il envisage maintenant de nouvelles méthodes pour choisir le dalaï-lama, peut-être en adoptant un système électoral semblable à celui du Vatican, ou bien en opérant un choix fondé sur l'ancienneté, ou même en se passant complètement de l'institution. «Je pense que le temps est venu – pas nécessairement de prendre une décision rapidement – mais d'entamer un débat plus précis, de sorte que les gens puissent se préparer à cela.»

En attendant, le leader en exil continuera de mener une vie simple et désintéressée, proche de l'idéal bouddhiste de la voie de milieu: ni hostile au monde, ni otage du monde. La plus haute divinité vivante du bouddhisme refuse toujours de prendre l'avion en première classe et ne se considère que comme un «simple moine bouddhiste». Bien que le dalaï-lama soit l'un des plus grands érudits d'une des philosophies les plus sophistiquées du monde, il possède un don pour ramener son enseignement à un noyau de sens pratique très lucide, qu'il a exposé dans un livre publié en 1984: *Kindness, Clarity and Insight*[1] (*Bonté, Clarté et*

---

1. Sa Sainteté le dalaï-lama, *Kindness, Clarity and Insight*, éd. Jeffrey Hopkins et Elizabeth Napper, Snow Lion Publications, New York, 1984.

Sagesse). « Ma véritable religion, a-t-il dit, est la bonté. »

C'est en fait particulièrement malheureux pour les Chinois de s'opposer à l'une des rares âmes qu'il est absolument impossible de ne pas aimer. Pékin a jugé nécessaire de l'appeler « bandit politique, bandit et traître », « boucher aux mains rouges qui s'est nourri de la chair du peuple ». Pourtant, toute personne qui rencontre le dalaï-lama se trouve complètement désarmée par sa chaleur naturellement aimante et par un charisme d'autant plus puissant qu'il est celui d'un homme bon.

Être considéré comme un Bouddha vivant peut paraître une situation terriblement solitaire. D'autant plus qu'au cours de ces dernières années toutes les personnes qui étaient très proches du leader tibétain – ses deux tuteurs, sa mère et son frère aîné, qui était dans sa jeunesse son seul compagnon de jeu – sont mortes. Cependant, le dalaï-lama prend cela avec philosophie, au sens le plus profond. « Les vieux amis décèdent, de nouveaux amis se présentent », dit-il avec une bonne humeur qui se contente de constater les faits. « C'est comme les jours. Une vieille journée disparaît, une nouvelle journée arrive. L'important est de lui donner un sens: un ami qui a un sens, ou un jour qui a un sens. »

2

Sur sa vie

*Entretien réalisé
par John Avedon en 1980*

JOHN AVEDON : *Quels ont été vos premiers sentiments lorsque vous avez été reconnu comme dalaï-lama ? Que pensiez-vous qu'il vous arrivait ?*

DALAÏ-LAMA : J'étais très heureux ; ça me plaisait beaucoup. Même avant d'être reconnu, je disais souvent à ma mère que j'allais me rendre à Lhassa. Je me mettais à califourchon sur une fenêtre, quand nous étions encore chez moi, disant que je me rendais à cheval à Lhassa. J'étais un tout petit enfant à l'époque, mais je m'en souviens très clairement. J'étais très désireux d'aller là-bas. Une autre chose que je n'ai pas mentionnée dans mon autobiographie est qu'après ma naissance un couple de corbeaux est venu se jucher sur le toit de notre maison. Ils arrivaient chaque matin, restaient un moment, puis repartaient. Ceci présente un intérêt particulier car un fait similaire s'est produit à la naissance des premier, septième et huitième dalaï-lamas. Après leur naissance, un couple de corbeaux venait et demeurait. Dans mon cas, au début, personne n'y faisait attention. Récemment, cependant, peut-être il y a trois ans, je parlais avec ma mère et elle me rappela ce détail. Elle avait remarqué que les corbeaux venaient le matin, partaient au bout d'un moment et revenaient le matin suivant.

Le soir suivant la naissance du premier dalaï-lama, des bandits firent irruption dans la maison familiale. Les parents s'enfuirent en laissant l'enfant. Le lendemain, comme ils revenaient en se demandant ce qui était arrivé à leur fils, ils trouvèrent le nourrisson dans un coin de la maison. Un corbeau se tenait devant lui, le protégeant. Plus tard, lorsque le premier dalaï-lama grandit et progressa dans sa pratique spirituelle, il eut un contact direct durant sa méditation avec la divinité protectrice Mahakala. Mahakala lui dit alors : « Quelqu'un comme toi, qui es détenteur de l'enseignement du Bouddha, a besoin d'un protecteur comme moi. Le jour même de ta naissance, je t'ai aidé. » Nous pouvons donc voir qu'il y a une véritable connexion entre Mahakala, les corbeaux et les dalaï-lamas.

Une chose qui se passa, dont ma mère se souvient très clairement, est que, dès mon arrivée à Lhassa, je dis que mes dents étaient dans une boîte dans une certaine pièce du Norbou Lingka. Quand on ouvrit la boîte, on trouva des dents qui avaient été celles du treizième dalaï-lama. J'ai tendu mon doigt vers la boîte et j'ai dit que mes dents étaient là. Mais maintenant, je ne me rappelle plus du tout cela. Les souvenirs nouveaux associés à ce corps sont devenus plus forts. Le passé est devenu plus réduit, plus vague. Je ne me souviens plus de toutes ces choses, à moins de faire une tentative particulière de remémoration.

Vous rappelez-vous votre naissance ou votre état prénatal dans la matrice ?

À l'heure actuelle, je ne m'en souviens pas. Je ne saurais pas dire non plus si, quand j'étais un petit enfant, je me le rappelais. Il y eut cependant peut-être un petit signe extérieur. Les enfants naissent normalement les yeux fermés. Je suis né les yeux ouverts. Cela peut être une légère indication d'un état d'esprit clair dans la matrice.

Quand vous étiez petit enfant, comment ressentiez-vous le fait d'être traité par les adultes comme un grand personnage ? Éprouviez-vous de l'appréhension ou même de la peur en vous voyant si révéré ?

Les Tibétains sont des gens très pragmatiques. Les vieux Tibétains ne me traitaient jamais de la sorte. J'avais aussi une grande confiance en moi. Lorsque j'approchai Lhassa pour la première fois, dans la plaine de Débouthang, l'oracle de Néchoung vint pour vérifier plus précisément que j'étais le bon choix. Il était accompagné par un *guéché* [docteur] du collège Loseling du monastère de Drépoung, un vieil homme très respecté, d'une grande réalisation. Il était très soucieux de savoir si j'étais ou non le bon choix. Il aurait été très dangereux de commettre une erreur dans la découverte du dalaï-lama. C'était un religieux, non un membre du gouvernement. Il vint sous la tente où je participais à une audience de groupe et conclut que j'étais, sans discussion possible, le bon choix. Donc, voyez-vous, bien qu'il y ait eu certaines personnes âgées très comme il faut qui cherchaient une certitude, je me suis apparemment bien acquitté de mon rôle et je les ai convaincues (*rire*). Je n'étais jamais mal à l'aise dans ma position. Charles Bell a mentionné que je la prenais avec décontraction. En ce qui concerne la peur, il y a une chose dont je me souviens clairement. Une nuit, je voulais aller voir ma mère qui était venue à Lhassa avec le reste de ma famille. J'étais dans la tente du régent. Un énorme garde du corps se tenait à l'entrée. C'était le soir, le coucher du soleil, et cet homme avait un œil abîmé. Je me souviens d'avoir été effrayé, d'avoir eu peur de sortir de la tente.

Entre seize et dix-huit ans, quand vous avez commencé à assumer le pouvoir temporel, avez-vous changé ?

Oui, j'ai changé... un petit peu. J'ai rencontré beaucoup de bonheur et beaucoup de souffrance. Dans ce contexte, mûrissant et gagnant davantage d'expérience en raison des problèmes qui se présentaient et en raison de la souffrance, j'ai changé. Le résultat final est l'homme que vous voyez maintenant (*rire*).

Et aux tout premiers temps de l'adolescence ? Beaucoup de gens ont du mal à se définir comme adultes. Cela vous est-il arrivé ?

Non. Ma vie était très routinière. J'étudiais deux fois par jour, chaque fois une heure, et passais le reste du temps à jouer (*rire*). Puis, à treize ans, j'ai commencé à étudier la philosophie, les définitions, le débat, et d'autres disciplines, telle la calligraphie. C'était entièrement une routine, cependant, et je m'y suis habitué. Il y avait parfois des vacances. Elles étaient très agréables, très heureuses. Lobsang Samten, mon frère aîné venant aussitôt avant moi, était habituellement à l'école, mais pendant ces vacances il venait me voir. Il arrivait aussi, de temps à autre, que ma mère apporte un pain spécial de notre province d'Amdo. Très épais et délicieux. Elle le faisait elle-même.

Avez-vous eu l'occasion de poursuivre une relation avec votre père quand vous avez grandi ?

Mon père est mort quand j'avais treize ans.

Y a-t-il certains de vos prédécesseurs auxquels vous portez un intérêt particulier ou bien avec lesquels vous ressentez une affinité particulière ?

Le treizième dalaï-lama. Il apporta de nombreuses améliorations au niveau des études dans les collèges monastiques. Il donna de vifs encouragements aux véritables érudits. Il a rendu impossible de s'élever dans la hiérarchie sans être pleinement qualifié. Il était très strict sur ce sujet. Il ordonna aussi des dizaines de milliers de moines. Ce furent ses deux principales réalisations dans le domaine religieux. Il ne prodigua pas beaucoup d'initiations ou d'enseignements. En ce qui concerne le pays, il accordait une grande attention à la manière de gouverner, notamment les districts éloignés. Il se souciait beaucoup de la façon de diriger plus efficacement. Il était très attentif aux frontières et à ce genre de choses.

Dans le cours de votre existence, quelles ont été vos plus grandes leçons personnelles ou vos plus grands défis intérieurs ? Quelles réalisations et quelles expériences ont eu le plus d'impact sur votre développement en tant que personne ?

Dans le domaine de l'expérience religieuse, une certaine compréhension ou expérience de la *shounya* [la vacuité : l'absence de nature existant en soi] et surtout la *bodhichitta*, l'altruisme. Cela m'a beaucoup aidé. D'une certaine manière, on peut dire que cela a fait de moi une personne nouvelle, un homme nouveau. Je suis encore en train de progresser.

De m'efforcer. Cela vous donne du courage et rend plus facile l'acceptation des situations. C'est l'une de mes plus grandes expériences.

Le sentiment de bodhichitta *résulte-t-il d'expériences extérieures, provoquées par certaines circonstances de la vie, ou d'un approfondissement progressif de la réalisation ?*

Principalement d'une pratique intérieure. Il y a eu aussi, sans doute, des causes ou des circonstances extérieures. Les facteurs extérieurs peuvent jouer un rôle dans le développement d'un certain sentiment de *bodhichitta*. Mais cela doit venir essentiellement d'un travail intérieur.

Pouvez-vous citer un moment précis de votre évolution spirituelle où vous avez franchi un seuil ?

En ce qui concerne la théorie de *shounya* et le sentiment de *bodhichitta*, aux alentours de 1965, 1966. Mais votre question est très personnelle. Un véritable pratiquant religieux doit garder ces choses pour soi.

Entendu. Mais sans évoquer votre expérience la plus intime, comment les événements de votre vie vous ont-ils affecté en tant qu'homme ? Comment avez-vous mûri en les vivant ?

Vivre comme réfugié est très utile. Vous êtes alors beaucoup plus proche de la réalité. Quand je me trouvais au Tibet en tant que dalaï-lama, j'essayais d'être réaliste, mais je crois que je restais assez distant du monde. J'étais un peu isolé de la réalité. Je suis devenu un réfugié. Excellent. C'était une bonne occasion de gagner de l'expérience, ainsi que de la détermination, de la force intérieure.

Lorsque vous êtes devenu réfugié, qu'est-ce qui vous a aidé à gagner cette force ? Était-ce la perte de votre position et de votre pays, le fait que tout le monde souffrait autour de vous ? Vous sentiez-vous appelé à diriger votre peuple d'une manière différente de celle à laquelle vous étiez habitué ?

Être réfugié est vraiment une situation désespérée, dangereuse. Dans ce cas, tout le monde affronte la réalité. Ce n'est pas le moment de prétendre que tout est beau. C'est quelque chose. Vous vous sentez pris par la réalité. En temps de paix, tout se passe en douceur. Lorsqu'il y a un problème, les gens font comme si tout était bien. Pendant une période dangereuse, quand se produit un changement dramatique, il n'est plus possible de prétendre que tout va bien. Vous devez accepter que le mauvais est mauvais. Quand j'ai quitté le Norbou Lingka, il y avait du danger. Nous passions très près des baraquements militaires chinois. Le poste de contrôle chinois se trouvait juste de l'autre côté de la rivière. Voyez-vous, nous avions eu, deux ou trois semaines avant mon départ, des informations précises selon lesquelles les Chinois étaient pleinement prêts à nous attaquer. Ce n'était qu'une question de jours ou d'heures.

Au moment où vous avez traversé la rivière Kyitchou et rencontré le groupe de guerriers khampas qui vous attendait, aviez-vous une entière capacité de commandement ? Qui, par exemple, a pris la décision de votre fuite ?

Dès que nous avons quitté Lhassa, nous avons formé un groupe interne, un comité pour discuter chaque point. Moi-même et huit autres personnes.

Votre idée était-elle de rechercher l'unanimité ?

Oui. Ceux qui ont été laissés en arrière à Lhassa ont également formé un Comité du Peuple. Quelque chose comme un Conseil révolutionnaire. Bien sûr, du point de vue chinois, c'était un conseil contre-révolutionnaire. Choisi par le peuple, vous voyez, en l'espace de quelques jours… Ils ont créé ce conseil qui prit toutes les décisions majeures. J'ai aussi envoyé une lettre à ce conseil pour l'authentifier. Dans notre petit comité, composé de ceux qui fuyaient avec moi, nous discutions les points pratiques chaque soir. À l'origine, notre plan était d'établir notre quartier général dans le Sud du Tibet, comme vous le savez. J'ai mentionné au Pandit Nehru – je crois le 24 avril 1959 – que nous avions formé un gouvernement temporaire, déplacé de Lhassa au Sud du Tibet. J'ai fait cette mention au Premier ministre incidemment. Il en fut légèrement agité (*rire*). «Nous n'allons pas reconnaître votre gouvernement», dit-il. Toutefois, ce gouvernement avait été créé pendant que nous étions encore au Tibet et j'étais déjà en Inde…

J'aimerais vous poser une question sur le fait que vous êtes une incarnation du bodhisattva de compassion infinie, Avalokiteshvara [en tibétain: Tchenrezi]. Comment le ressentez-vous personnellement? Est-ce une chose sur laquelle vous avez une opinion sans équivoque dans un sens ou dans un autre?

C'est difficile pour moi d'exprimer quelque chose de précis. À moins de m'engager dans un effort de méditation, tel que regarder ma vie en arrière respiration après respiration, je ne peux pas dire exactement. Nous croyons qu'il existe quatre modes de renaissance. Le premier est le mode ordinaire, dans lequel un être n'a aucune capacité pour déterminer sa naissance, mais s'incarne seulement sous le pouvoir de la nature des actes du passé. L'opposé est un bouddha entièrement éveillé, qui manifeste une forme physique simplement pour aider les autres. Une troisième possibilité concerne celui qui, en raison de ses accomplissements spirituels passés, peut choisir ou du moins influencer le lieu et les circonstances de sa renaissance. La quatrième est appelée «manifestation consacrée»: la personne reçoit une consécration plus grande que ses capacités afin d'avoir une fonction bénéfique, telle que l'enseignement spirituel. Pour ce dernier type de naissance, il faut que les souhaits d'aider les autres aient été très puissants dans les vies passées de la personne. Elle obtient alors cette consécration. Bien que l'une ou l'autre de ces possibilités apparaisse plus vraisemblable, je ne peux pas dire exactement à laquelle je corresponds.

Comment percevez-vous votre mission de Tchenrezi ? Très peu de personnes ont été considérées comme divines. Ce rôle est-il un fardeau ou un plaisir ?

Il est très utile. Grâce à ce rôle, je peux faire beaucoup de bien. Pour cette raison, je l'apprécie et je m'y sens bien. Il est clair qu'il y a une relation karmique entre les gens, en particulier le peuple tibétain, et moi-même. Vous pouvez considérer que je suis très chanceux. Cependant, derrière le mot «chance», il y a des causes et des raisons véritables. Il y a la force karmique de ma capacité à assumer ce rôle, ainsi que mon souhait de le faire. Sur ce sujet, il y a une phrase de *La Marche vers l'Éveil* du grand Shantideva qui dit : «Tant que l'espace existera et tant qu'il y aura des êtres dans le cycle des existences, puissé-je demeurer et les délivrer de leurs souffrances. » Je fais ce souhait dans cette vie présente et je sais que j'ai fait ce souhait dans mes vies passées.

Avec un objectif si vaste, comment considérez-vous vos limitations personnelles, vos limites en tant qu'homme ?

Comme il est dit encore par Shantideva : « Si le Seigneur Bouddha ne peut satisfaire tous les êtres, comment le pourrais-je ? » Même un être éveillé, avec son pouvoir et son souhait de sauver tous les êtres de la souffrance, ne peut éliminer le karma individuel de chaque être.

Est-ce ce qui vous empêche d'être accablé quand vous voyez la souffrance de six millions de Tibétains, dont, à un certain niveau, vous êtes responsable ?

Ma motivation est tournée vers tous les êtres. Toutefois, à un deuxième niveau, mes efforts sont orientés vers l'aide aux Tibétains. Si vous pouvez résoudre un problème ou modifier une situation, alors il n'est pas nécessaire de s'inquiéter. S'il n'y a pas de solution, alors cela ne sert pas de s'inquiéter. Dans tous les cas, il n'y a aucune utilité à s'inquiéter.

Beaucoup de gens disent cela, mais peu le vivent vraiment. Avez-vous toujours pensé de cette manière ou bien avez-vous dû l'apprendre ?

Cela se développe par le travail intérieur. Dans une perspective plus large, force est de constater qu'il y aura toujours de la souffrance. Vous êtes condamné à subir les effets des actes négatifs que vous avez vous-même commis antérieurement, que ce soit par le corps, par la parole ou par l'esprit. Aussi votre nature même est-elle souffrance, une souffrance qui repose sur les actes négatifs passés accumulés par soi-même et par personne d'autre. Ces karmas ne se perdront pas. Ils porteront leurs fruits. On ne récoltera pas les effets d'actes qu'on n'aura pas accomplis soi-même.

Les agrégats mentaux et physiques sont, par nature, souffrance. Ils servent de base à la souffrance. Tant que vous les avez, vous êtes susceptible de souffrir. Tant que nous n'avons pas notre indépendance et que nous vivons dans un pays étranger, nous éprouvons un certain type de souffrance ; mais quand nous retournerons au Tibet et regagnerons notre indépendance, alors nous rencontrerons d'autres sortes de souffrances. Les choses sont comme ça. Vous pouvez penser que je suis pessimiste, mais je ne le suis pas. C'est le réalisme bouddhiste. C'est de cette manière, par l'enseignement et les préceptes du bouddhisme, que nous gérons les situations. Quand cinquante mille personnes du clan des Shakya furent tuées en une seule journée, le Bouddha Shakyamouni, qui faisait partie du même clan, n'en éprouva aucune souffrance. Il était appuyé contre un arbre et il dit : « Je me sens un peu triste car aujourd'hui cinquante mille membres de mon clan ont été tués. » Mais lui-même n'était pas affecté. C'est comme ça, voyez-vous (*rire*) ! C'était la cause et l'effet de leur karma. Il n'y avait rien à y faire. Ce type de pensées me rend plus fort, plus actif. Il ne s'agit pas du tout de perdre sa force intérieure, sa volonté, face à la nature universelle de la souffrance.

Je m'intéresse à ce que vous faites pour vous détendre : jardinage, découverte de l'électronique.

Oh, mes passe-temps ! Pour m'occuper (*rire*) ! Quand je peux réparer quelque chose, *cela me donne* une réelle satisfaction. J'ai commencé à démonter les objets quand j'étais jeune car je me demandais comment certaines machines fonctionnaient. Je voulais savoir ce qu'il y avait dans le moteur ; mais, aujourd'hui, je me contente d'essayer de réparer ce qui est cassé.

Et le jardinage ?

Jardiner à Dharamsala est presque sans espoir. Vous pouvez travailler aussi dur que vous voulez, la mousson arrive et détruit tout. Vous savez, une vie de moine est très gratifiante, très heureuse. Vous pouvez le constater en regardant ceux qui ont abandonné la robe. Ils connaissent avec certitude la valeur de l'état monastique. Beaucoup m'ont dit combien la vie était compliquée et difficile sans les vœux. Avec une jolie femme et des enfants, vous pouvez être heureux un certain temps.

À long terme, cependant, de nombreux problèmes se présentent. La moitié de votre indépendance – de votre liberté – est perdue. S'il y a quelque chose d'utile ou de significatif dans l'expérience des difficultés issues de la perte de votre indépendance, alors cela vaut la peine. Si c'est une situation qui aide effectivement, alors elle est bonne. La difficulté en vaut la peine. Mais sinon, elle n'en vaut pas la peine.

Mais il n'y aurait aucun d'entre nous ici pour parler de cela si nous n'avions pas eu un père et une mère!

Je ne dis pas que c'est mal d'avoir des enfants ou que tout le monde devrait être moine. Impossible (*rire*)!

Je pense que si l'on a une vie simple, le contentement ne peut que suivre. La simplicité est extrêmement importante pour le bonheur. Avoir peu de désirs, s'estimer satisfait de ce qu'on a, cela est vital. Quatre causes favorisent l'éclosion d'un être supérieur: être satisfait de la nourriture qu'on obtient, être satisfait de guenilles pour habit (ou bien accepter n'importe quel vêtement, sans chercher des tenues fantaisistes ou très colorées), être satisfait d'un abri juste suffisant pour se protéger des éléments, enfin, prendre plaisir à abandonner les états d'esprit néfastes et cultiver les états bénéfiques dans la méditation.

3

Une vie dans un jour

*racontée par le Dalaï-Lama
à Vania Kewley*

Quand je me lève, à quatre heures, je commence automatiquement à réciter le mantra « *ngak-djinlap* ». C'est une prière qui dédie tout ce que je fais, mes paroles, mes pensées, mes actions, toute ma journée, en tant qu'offrande, en tant que moyens positifs d'aider les autres. Comme tous les moines, j'obéis au vœu de pauvreté et je n'ai pas de biens personnels. Ma chambre a seulement un lit et la première chose que je vois quand je me réveille est le visage du Bouddha sur une statue sacrée du xviie siècle, de Kyirong, l'une des rares statues qui aient échappé aux profanations chinoises. Il fait froid quand je me lève car nous sommes à 2 000 mètres d'altitude ; je fais donc un peu d'exercice, je me lave et m'habille rapidement.

Je porte la même robe bordeaux que tous les moines. Elle n'est pas de bonne qualité et est reprisée. Si elle était faite d'un bon tissu et d'une seule pièce, on pourrait la vendre et en retirer quelque chose. De cette manière, on ne peut pas. Cela renforce notre philosophie de détachement des biens temporels. Je médite jusqu'à quatre heures et demie et fais des prosternations. Nous avons une pratique spéciale pour nous rappeler nos actes négatifs ; j'en fais la confession et récite des prières pour le bien de tous les êtres.

Puis, au lever du jour, si le temps est beau, je vais au jardin. Ce moment de la journée est pour moi très particulier. Je regarde le ciel. Il est très clair, je vois les étoiles et j'éprouve une impression particulière, celle de mon insignifiance dans le cosmos. La réalisation de ce que nous, les bouddhistes, appelons l'« impermanence ». Cela détend beaucoup. Parfois, je ne pense pas du tout ; je prends simplement plaisir à contempler l'aurore et j'écoute les oiseaux.

Peljor ou Loga, des moines du monastère de Namgyal qui sont avec moi depuis vingt-huit ans, m'apportent ensuite le petit déjeuner. C'est un mélange moitié tibétain, moitié occidental. De la *tsampa* (farine d'orge grillée) et du porridge. Pendant que je prends mon petit déjeuner, mes oreilles sont très occupées à écouter les informations sur BBC World Service.

Puis, vers six heures, je vais dans une autre pièce et je médite jusqu'à neuf heures. Par la méditation, tous les bouddhistes essayent de développer une motivation juste : compassion, pardon et tolérance. Je médite six ou sept fois par jour.

De neuf heures jusqu'au déjeuner, je lis et j'étudie les écritures. Le bouddhisme est une religion très profonde et, bien que je l'aie étudiée toute ma vie, il me reste beaucoup à apprendre.

Malheureusement, presque tous nos livres et tous nos manuscrits anciens ont été détruits par les Chinois. C'est comme si, dans le monde, toutes les Bibles Gutenberg et tous les livres anciens avaient été détruits. Pas d'archives, pas de mémoire. Avant l'invasion chinoise, nous avions plus de six mille monastères et temples en activité. Maintenant, il en reste trente-sept.

J'essaye aussi de lire les maîtres occidentaux. Je veux étudier davantage la philosophie et la science occidentales. Spécialement la physique nucléaire, l'astronomie et la neurobiologie. Il arrive souvent que des scientifiques viennent et discutent de la relation entre notre philosophie et la leur, ou comparent leurs travaux sur le fonctionnement du cerveau avec l'expérience bouddhiste des différents niveaux de conscience. C'est un échange passionnant, pour nous tous !

Je me lève souvent pour aller bricoler : charger les batteries de la radio, réparer quelque chose. Depuis mon enfance, je suis fasciné par les objets mécaniques – les jouets, les voitures ou les avions miniatures –, des objets que je pouvais explorer avec mes mains. Nous avions un vieux projecteur de cinéma à Lhassa, qui avait appartenu au treizième dalaï-lama. Il était entretenu par un vieux moine chinois. Quand il est mort, personne d'autre ne savait comment il fonctionnait. J'ai donc appris à le faire marcher, mais avec beaucoup de peine et de difficultés, car je ne pouvais pas lire le mode d'emploi. Je ne parlais que tibétain. Maintenant, je travaille quelquefois dans mon atelier pour réparer des choses comme des montres ou des horloges. Ou bien je mets en terre des plantes dans la serre. J'aime les plantes, surtout les delphiniums et les tulipes, et j'aime les voir pousser.

À midi et demi, je prends mon déjeuner, en général non-végétarien, bien que je préfère végétarien. Je mange ce qu'on me donne, parfois de la *thoukpa* – de la soupe avec des nouilles ou, à l'occasion, avec des *momos* (boulettes de viande enrobées de pâte et bouillies) – et des *sha-paleps* (pains frits fourrés à la viande).

L'après-midi est occupée par les rencontres officielles avec le *Kashag* (cabinet tibétain en exil) ou avec des membres de l'Assemblée des députés du peuple tibétain. Il y a aussi toujours des gens qui viennent du Tibet, avec ou sans la permission des Chinois, surtout sans, des gens courageux qui se sont échappés en franchissant les cols himalayens à plus de 5 000 mètres.

C'est très triste pour moi. Ils ont tous des histoires douloureuses et pleurent. Pratiquement tout le monde me donne le nom de parents qui ont été tués par les Chinois ou sont morts dans les prisons ou les camps de travail. Je m'efforce de leur donner des encouragements et je vois comment je peux les aider sur le plan matériel, étant donné qu'ils arrivent là dénués de tout et en mauvaise santé.

Très souvent, ils amènent leurs enfants ici. Ils me disent que c'est le seul moyen pour qu'ils puissent apprendre leur langue, leur foi et leur culture. Nous mettons les plus jeunes dans un Tibetan Children Village (Village d'enfants tibétains), ici ou à Mussoorie. Les plus âgés qui veulent devenir moines sont envoyés pour être formés dans nos monastères du Sud de l'Inde.

Bien que les Tibétains veuillent que je rentre au Tibet, je reçois des messages de l'intérieur me disant de ne pas y retourner dans les circonstances présentes. Ils ne veulent pas que je devienne une poupée chinoise comme le panchen-lama. Ici, dans le monde libre, je suis plus utile pour mon peuple comme porte-parole. Je peux mieux les servir de l'extérieur.

Parfois, Péma, ma plus jeune sœur, qui dirige ici le Tibetan Children Village pour les orphelins, vient et me parle de ses difficultés. Comme tous les moines, je ne vois guère ma famille. Mes parents sont morts. Mon frère aîné, Norbou, est professeur d'études tibétaines à Bloomington, dans l'Indiana (États-Unis). Theundroup, homme d'affaires, vit à Hong Kong.

Mon autre frère aîné, Lobsang Samten, est malheureusement mort il y a deux ans. Nous étions très proches. Il a vécu et étudié avec moi au Potala où nous avions l'habitude de jouer toutes sortes de mauvais tours. Avant sa mort, il travaillait ici au centre médical. Il me manque beaucoup.

À six heures, je prends le thé. En tant que moine, je ne prends pas de dîner. À sept heures, c'est le moment de la télévision ; mais malheureusement, ce sont des émissions de débats. Comme l'un est d'Amritsar et l'autre du Pakistan et que je ne comprends ni le punjabi ni l'ourdou, ce ne sont pour moi que des sons. À l'occasion, il y a un film en anglais. J'aime les séries de la BBC sur la civilisation occidentale et les merveilleuses émissions sur la nature.

Puis vient le temps de se coucher, de nouvelles méditations et de nouvelles prières. À huit heures et demie ou neuf heures, je m'endors. S'il y a la Lune, je pense qu'elle regarde aussi mon peuple emprisonné au Tibet. Je remercie du fait que, bien qu'étant réfugié, je suis ici libre, libre de parler pour mon peuple. Pour eux, je prie particulièrement la divinité tutélaire du pays, Avalokiteshvara. Il n'y a pas une heure de veille où je ne pense pas à la situation de mon peuple, enfermé dans ses montagnes immuables.

4

Bonté
et compassion

Je veux vous parler ce soir de l'importance de la bonté et de la compassion. Quand je parle de ce sujet, je ne le fais pas en tant que bouddhiste, ni en tant que dalaï-lama, ni en tant que Tibétain, mais plutôt en tant qu'être humain. Et j'espère que vous, dans l'auditoire, vous vous regarderez en ce moment comme des humains et non comme des Américains, des Occidentaux ou des membres de tel groupe particulier. Ce sont des choses secondaires. Si, de mon côté et du côté des auditeurs, nous établissons un rapport d'êtres humains, nous pouvons atteindre ce niveau fondamental. Si je dis : « Je suis moine », ou « Je suis bouddhiste », ce sont des choses, comparées à ma nature d'être humain, temporaires. Cette nature d'être humain est fondamentale. Une fois que vous êtes né en tant qu'être humain, cela ne peut changer jusqu'à la mort. D'autres choses – que vous soyez cultivé ou non, riche ou pauvre – sont secondaires.

Nous rencontrons aujourd'hui de nombreux problèmes. Certains sont essentiellement créés par nous-mêmes, issus des divisions dues à l'idéologie, à la religion, à la race, au statut économique ou à d'autres facteurs. Le temps est donc venu de réfléchir à un niveau plus profond, au niveau humain ; de ce niveau, nous pourrons comprendre et respecter les autres, identiques à nous en tant qu'êtres humains. Nous devons construire des relations plus proches, des relations de confiance mutuelle, de compréhension, de respect et d'aide, sans tenir compte des différences de culture, de philosophie, de religion et de foi.

Après tout, tous les êtres humains sont les mêmes : faits de chair, d'os et de sang humains. Nous voulons tous le bonheur et nous voulons tous éviter la souffrance. Plus encore, nous avons tous un droit égal au bonheur. En d'autres mots, il est important de réaliser notre caractère identique en tant qu'êtres humains. Nous appartenons tous à une seule famille humaine. Que nous nous querellions tient à des raisons secondaires ; quand nous nous disputons, quand nous sommes fourbes les uns avec les autres, quand nous nous supprimons mutuellement, cela ne sert à rien. Malheureusement, pendant des siècles, les humains ont utilisé toutes sortes de moyens pour se tuer et se faire du mal les uns aux autres. Beaucoup de choses terribles ont été faites. Cela a signifié davantage de problèmes, davantage de souffrances, davantage de méfiances, aboutissant à davantage de haines et davantage de divisions.

De nos jours, le monde devient de plus en plus petit. Économiquement et sous de nombreux autres points de vue, les différentes régions du monde se rapprochent et sont de plus en plus dépendantes les unes des autres. Pour cette raison, des rencontres internationales au sommet se produisent souvent ; des problèmes apparaissant dans un endroit éloigné sont reliés aux crises globales. Cette situation révèle qu'il est temps, qu'il est nécessaire, de penser davantage au niveau humain plutôt que sur la base de questions qui nous divisent. Je vous parle donc simplement en tant qu'être humain et j'espère vivement que vous m'écoutez avec la pensée : « Je suis un être humain et je suis en train d'écouter un autre être humain. »

Nous voulons tous le bonheur. En ville, à la campagne, même dans les endroits les plus reculés, les gens sont occupés et actifs. Quelle est la raison principale de cette activité ? Chacun essaye de créer le bonheur. Il est légitime de le faire. Il est cependant très important de suivre une méthode correcte pour rechercher le bonheur. Nous devons garder à l'esprit que trop se préoccuper du niveau superficiel ne résoudra pas les grands problèmes.

Il y a tout autour de nous de nombreuses difficultés, de nombreuses peurs. Grâce à une science et à une technologie très développées, nous avons atteint un niveau avancé de progrès matériel, qui est à la fois utile et nécessaire. Si, cependant, vous comparez le progrès extérieur avec votre progrès intérieur, il est très clair que votre progrès intérieur n'est pas suffisant. Dans de nombreux pays, les problèmes – crimes, guerres, terrorisme – sont chroniques. Les gens se plaignent du déclin de la moralité et de la montée des activités criminelles. Bien que dans les domaines extérieurs nous ayons atteint un haut niveau de progrès et que nous continuions *de progresser*, il est en *même temps* d'une égale importance de nous développer et de progresser dans le domaine intérieur.

Autrefois, en cas de guerre, les effets – l'étendue des destructions – étaient limités. Mais de nos jours, en raison de l'évolution matérielle extérieure, le potentiel de destruction dépasse l'imagination. J'ai visité Hiroshima. Bien que sachant déjà un certain nombre de choses sur l'explosion nucléaire qui s'y était produite, c'était quelque chose de tout à fait différent de voir le lieu réellement, de le voir de mes propres yeux et de rencontrer des personnes qui avaient effectivement souffert à ce moment. J'étais profondément touché. Une arme terrible avait été utilisée. Même si nous pouvons considérer quelqu'un comme un ennemi, à un niveau plus profond, un ennemi est aussi un être humain ; il veut aussi le bonheur et il a le droit d'être heureux. Regardant Hiroshima et pensant à cela, je fus encore plus convaincu à ce moment-là que la colère et la haine ne peuvent résoudre les problèmes.

La colère ne peut être vaincue par la colère. Si une personne se met en colère contre vous et que vous répondiez par la colère, le résultat est désastreux. Inversement, si vous contrôlez votre colère et montrez une attitude opposée – compassion, tolérance, patience – alors non seulement vous restez vous-même en paix, mais la colère de l'autre diminue progressivement.

Les problèmes mondiaux ne peuvent, de la même façon, être abordés par le biais de la colère ou de la haine. Ils doivent être affrontés avec compassion, amour et une vraie bonté. Regardez les armes effrayantes qui existent. Cependant, les armes elles-mêmes ne peuvent commencer une guerre. Le bouton qui les déclenche est sous un doigt humain, qui bouge sous l'effet de la pensée, non par sa propre volonté. La responsabilité est détenue par notre pensée.

Si vous regardez ces choses profondément, l'origine est à l'intérieur, dans l'esprit, là d'où viennent les actions. C'est pourquoi, en premier lieu, contrôler l'esprit est très important. Je ne parle pas ici de contrôler l'esprit en pratiquant la méditation profonde, mais simplement de cultiver moins de colère, plus de respect pour les droits des autres, plus de souci des autres, une réalisation plus claire de notre nature identique d'êtres humains. Nous devons commencer à promouvoir cette *compréhension* par les magazines et par la télévision. Plutôt que de faire de la publicité dans le seul but de gagner de l'argent pour nous-mêmes, il nous faut utiliser ces médias pour quelque chose de significatif, quelque chose de sérieusement dirigé vers le bien de l'humanité. L'argent est nécessaire, mais la véritable fonction de l'argent est d'être utile aux humains. Parfois, nous perdons de vue l'humain et nous ne nous soucions plus que de l'argent. Ce n'est pas raisonnable.

Après tout, nous voulons tous le bonheur, et personne ne niera qu'avec la colère la paix est impossible. Avec la bonté et l'amour, la paix de l'esprit peut être obtenue. Personne ne veut la colère, personne ne veut d'un esprit sans repos ; cependant, en raison de l'ignorance, c'est ce qui se produit. Des états négatifs, comme la dépression, se produisent sous le pouvoir de l'ignorance et non pas d'eux-mêmes.

Par la colère, nous perdons l'une des meilleures qualités humaines : notre capacité de jugement. Nous possédons un bon cerveau (ce dont ne disposent pas les autres mammifères) nous permettant de discerner ce qui est correct de ce qui ne l'est pas, en ce qui concerne les événements d'aujourd'hui, mais également ceux des dix, vingt ou cent années à venir. Sans aucune préconnaissance, nous pouvons nous servir de notre sens commun pour déterminer si telle voie est une bonne ou une mauvaise méthode ; nous pouvons savoir que, si nous faisons ceci ou cela, cela entraînera tel ou tel effet. Cependant, une fois que notre esprit est pris par la colère, nous perdons cette capacité de jugement ; et cela est très dommage. Physiquement, vous êtes humain, cependant mentalement vous êtes incomplet. Étant donné que nous avons cette forme humaine physique, nous devons préserver notre capacité mentale de jugement. Nous ne pouvons, pour cela, souscrire une assurance. La compagnie d'assurance est à l'intérieur : discipline, vigilance et une claire conscience des inconvénients de la colère et des effets positifs de la bonté. Grâce à la vigilance intérieure, nous pouvons alors contrôler l'esprit.

Par exemple, vous pouvez être maintenant une personne qui s'irrite rapidement et facilement pour des petites choses. Avec une compréhension et une vigilance claires, cela peut être contrôlé. Si vous gardez habituellement votre colère pendant dix minutes, essayez de réduire à huit. La semaine prochaine, ramenez à cinq minutes et le mois prochain à deux. Puis, arrivez à zéro. C'est de cette façon qu'on développe et qu'on entraîne l'esprit.

C'est ce que je ressens et c'est aussi le type de pratique auquel je m'astreins moi-même. Il est évident que tout le monde a besoin de la paix de l'esprit. La question est donc : comment l'obtenir ? Par la colère, nous ne le pouvons pas ; par la bonté, par l'amour, par la compassion, nous pouvons obtenir la paix de notre propre esprit. Il en résulte une famille paisible : le bonheur pour les parents et les enfants, moins de disputes entre mari et femme, pas de souci de divorce. Étendue sur un plan national, cette attitude peut apporter l'unité, l'harmonie et la coopération fondée sur une motivation authentique. Sur un plan international, nous avons besoin de confiance mutuelle, de respect mutuel, de discussions franches et amicales liées à une motivation sincère et d'efforts unis pour résoudre les problèmes mondiaux. Tout cela est possible.

Mais nous devons tout d'abord changer à l'intérieur de nous-mêmes. Nos dirigeants nationaux font de leur mieux pour résoudre nos problèmes, mais, lorsqu'un problème est résolu, un autre se présente ; pendant qu'ils essayent de trouver la solution à celui-là, un autre apparaît encore ailleurs. Le temps est venu de tenter une approche différente. Bien sûr, il est très difficile de réaliser un tel mouvement mondial pour la paix de l'esprit, mais il n'y a pas d'autre possibilité. S'il existait une autre méthode plus facile et plus pratique, ce serait tant mieux ; mais il n'y en a pas. Si par les armes nous pouvions réaliser une paix réelle et durable, très bien. Transformons alors toutes les usines en usines d'armement. Dépensons tout notre argent pour cela, si nous obtenons une vraie paix durable. Mais c'est impossible.

Les armes ne restent pas rangées dans des caisses. Une fois qu'une arme est fabriquée, à plus ou moins long terme, quelqu'un l'utilisera. Quelqu'un pourra penser que, si l'on ne s'en sert pas, des millions de dollars seront gaspillés ; donc, d'une certaine manière, il faut l'utiliser, lâcher une bombe pour l'essayer. Il en résulte la mort de personnes innocentes.

Bien qu'il soit difficile de chercher à établir la paix par une transformation intérieure, c'est le seul moyen de réaliser une paix mondiale durable. Tant pis si elle ne se réalise pas durant ma propre vie. D'autres humains viendront, de la prochaine génération et de celle qui suivra, et le progrès pourra se poursuivre. Je pense qu'en dépit des difficultés pratiques et du sentiment que cette vision peut être considérée comme irréaliste cela vaut la peine d'essayer. C'est pourquoi, partout où je vais, j'expose ces idées. Je trouve un encouragement dans le fait que des personnes de différents milieux les reçoivent généralement bien.

Chacun d'entre nous est responsable de l'humanité. Il est temps pour nous de penser aux autres comme de véritables frères et sœurs et de nous préoccuper de leur bien-être, de la diminution de leurs souffrances. Même si vous ne pouvez sacrifier entièrement votre propre intérêt, vous ne devez pas oublier celui des autres. Nous devons penser davantage à l'avenir de l'humanité et à son bien.

Par ailleurs, si vous vous efforcez d'atténuer vos sentiments égoïstes – la colère, etc. – et de développer davantage de bonté et de compassion pour les autres, vous en retirerez finalement pour vous-même un plus grand bénéfice que vous n'en obtiendriez autrement. Je dis donc parfois que l'égoïste intelligent devrait pratiquer de cette manière. Les égoïstes stupides pensent sans cesse à eux et le résultat est négatif. Les égoïstes intelligents pensent aux autres, aident les autres autant qu'ils le peuvent, si bien qu'ils en retirent un bienfait pour eux-mêmes.

Cela est ma simple religion. Pas besoin de temple, pas besoin de philosophie compliquée. Notre cerveau, notre cœur est notre temple ; la philosophie est la bonté.

5

Développer la compassion

Avant de développer l'amour et la compassion, il importe de bien comprendre ce que recouvrent ces deux termes. À l'aide de mots simples, nous pouvons les définir comme des pensées et des sentiments positifs qui produisent des valeurs aussi essentielles que l'espoir, le courage, la détermination et la force intérieure. La tradition bouddhiste considère la compassion et l'amour comme deux aspects de la même émanation : la compassion est le souhait de voir les êtres vivre sans souffrance, l'amour est le désir qu'ils soient heureux.

Ensuite, il faut se demander s'il est possible de cultiver l'amour et la compassion. Autrement dit, existe-t-il un moyen d'accroître ces qualités et de diminuer la colère, la haine et la jalousie ? Sans hésiter, je réponds : « Oui ! » Même si, pour l'instant, vous n'êtes pas de mon avis, je vous demanderai de rester ouverts à cette possibilité.

Faisons, ensemble, quelques expériences : peut-être trouverons-nous des réponses.

Pour commencer, toutes les formes de bonheur et de souffrance peuvent appartenir à deux catégories principales : l'esprit ou le corps. Pour la plupart d'entre nous, c'est l'esprit qui exerce la plus grande influence. Sauf si nous sommes gravement malades ou dans un dénuement total, notre condition physique joue un rôle secondaire. Si le corps est satisfait, nous ne nous en soucions pratiquement pas. En revanche, l'esprit enregistre tout, même les moindres événements. Il est donc normal de faire plus d'efforts pour apaiser son esprit que pour s'assurer un confort physique.

ON PEUT CHANGER SON ESPRIT

Malgré mon expérience limitée, je suis convaincu que par un entraînement régulier, il est tout à fait possible de développer son esprit. Nos attitudes, pensées et dispositions positives peuvent être accrues, et au contraire, tout ce qui est négatif en nous peut être amoindri. Une prise de conscience de ces *facteurs* permet de les modifier, de changer aussi son esprit. Cette simple vérité reflète la nature de l'esprit.

Ce que nous appelons «esprit» est quelque chose de très curieux. Il est parfois très têtu et réfractaire au changement. Pourtant, grâce à des efforts constants et une conviction fondée sur la raison, il peut aussi se montrer très souple et très honnête. Lorsque nous reconnaissons vraiment qu'un changement s'impose, alors notre esprit est prêt à changer. Les souhaits et les prières seuls ne le transformeront pas; il faut aussi y ajouter la raison – une raison profondément ancrée dans l'expérience. On ne pourra pas changer son esprit du jour au lendemain: les vieilles habitudes, surtout les habitudes mentales, résistent aux solutions rapides. Mais par l'effort et par une conviction née de la compréhension, nos attitudes mentales peuvent être corrigées en profondeur.

Pour évoluer, il faut commencer par admettre que, tant que nous vivrons dans ce monde, nous rencontrerons des problèmes et des obstacles à la réalisation de nos projets. Si, lorsque des difficultés se présentent, nous perdons espoir et courage, nous diminuons du même coup notre aptitude à les affronter. Au contraire, si nous nous rappelons que, loin de s'appliquer uniquement à nous, la souffrance est le lot de tous, nous renforcerons notre détermination et notre capacité à surmonter les problèmes. En pensant, avec compassion, que les autres souffrent aussi, nos souffrances personnelles deviennent plus faciles à gérer. De surcroît, grâce à cette attitude, chaque obstacle représente une précieuse occasion d'élever son esprit et une nouvelle chance de renforcer sa compassion ! À chaque nouvelle expérience, nous pouvons nous entraîner à devenir plus compatissants, c'est-à-dire à cultiver à la fois une empathie sincère pour les souffrances d'autrui et la volonté de les soulager. Grâce à la compassion, notre propre sérénité et notre force intérieure se renforceront.

COMMENT CULTIVER LA COMPASSION

L'égocentrisme, qui nous touche tous à un certain degré, nous empêche d'aimer les autres. Pour être vraiment heureux, il faut avoir l'esprit calme, et cette paix de l'esprit ne s'installe que par le biais de la compassion. Comment développer une telle attitude ? De toute évidence, il ne suffit pas de croire aux bienfaits de la compassion, ni de s'extasier sur sa beauté ! Pour la cultiver, nous devons décider de faire des efforts et profiter de tous les événements de la journée pour modifier nos pensées et notre comportement.

Développer la compassion

Il faut déjà savoir précisément ce que le mot *compassion* signifie. Le sentiment de compassion est bien souvent empreint de désir et d'attachement. Par exemple, l'amour que les parents portent à leur enfant n'est pas de la compassion au sens propre du terme, car il se confond souvent avec les besoins émotionnels des parents. En général, le fait de prendre soin d'un bon ami est considéré comme de la compassion mais, là encore, c'est bien souvent de l'attachement. Lorsque le couple se construit et qu'on ne connaît pas encore vraiment le caractère de l'autre, l'amour des conjoints repose aussi davantage sur l'attachement que sur l'amour véritable. D'ailleurs, quand les mariages ne durent pas longtemps, c'est à cause du manque de compassion : s'ils sont le fruit d'un attachement émotionnel basé sur des projections et des attentes, dès que ces projections changent, l'attachement disparaît. Le désir peut être tellement puissant que la personne à laquelle nous sommes attachés semble dépourvue de défauts, pourtant nombreux. De plus, l'attachement nous fait exagérer le peu de qualités positives que possède cette personne. C'est là le signe que notre amour est davantage motivé par un besoin personnel que par un réel souci de l'autre.

Il est possible d'avoir de la compassion sans attachement. Pour cela, nous devons bien comprendre ce qui les distingue. La véritable compassion n'est pas une simple réaction émotionnelle, mais un engagement ferme fondé sur la raison. Grâce à cette base solide, la véritable compassion ne fluctue pas, même si les personnes auxquelles elle s'adresse agissent de façon négative. C'est la compassion sincère. L'objectif d'un pratiquant bouddhiste est de développer cette compassion authentique et de souhaiter ainsi sincèrement le bonheur de l'autre, en fait de tout être vivant dans l'univers. Évidemment, cultiver cette compassion n'est pas chose facile! Examinons alors ceci plus attentivement.

Que les gens soient beaux ou quelconques, sympathiques ou cruels, ils sont tous des êtres humains comme nous. Comme nous, ils veulent être heureux et ne désirent pas souffrir. De plus, leur droit au bonheur et à l'absence de souffrance est égal au nôtre. Reconnaissant ainsi que tous les êtres sont égaux dans leur aspiration au *bonheur* et dans leur droit *à l'*obtenir, nous éprouvons aussitôt un sentiment d'empathie qui nous rapproche d'eux. En habituant l'esprit à cet altruisme universel, on développe un sentiment de responsabilité collective et l'on souhaite les aider activement à dépasser leurs problèmes. Ce souhait n'est pas sélectif, il s'applique de façon égale à tous les êtres. Puisqu'ils sont, eux aussi, sujets à la souffrance et au bonheur, aucun fondement logique ne nous permet de les discriminer ou de les abandonner s'ils agissent mal.

À ce propos, je voudrais préciser que certaines personnes, qui se considèrent comme très réalistes et pragmatiques, sont parfois *trop* réalistes et obsédées par le côté pratique des événements. En effet, certains disent: «Souhaiter que tous les êtres soient heureux et que chacun d'eux ait le bonheur qui lui convient est irréaliste. Cet idéalisme ne peut aucunement conduire à une transformation de l'esprit ni favoriser une quelconque discipline mentale car c'est complètement utopique.»

Selon eux, il est plus efficace de commencer par un groupe d'individus restreint avec lequel on entretient une interaction directe. Puis on pourrait élargir ce cercle et augmenter les paramètres. Mais il leur semble vain de penser à tous les êtres de par leur nombre illimité. Ils admettent, à la rigueur, pouvoir se relier à certains de leurs semblables qui habitent la planète, mais envisager l'infinité des êtres dans l'univers dépasse complètement leur champ d'expérience. « À quoi bon, disent-ils, essayer de cultiver un esprit qui engloberait tous les êtres vivants ? »

Dans d'autres contextes, cette objection aurait une certaine validité. Mais ici, il importe surtout de bien saisir l'impact de ces sentiments altruistes. Le but est d'essayer d'élargir la sphère de notre empathie, de façon à ce qu'elle s'étende à toutes les formes de vie sensibles à la souffrance et au bonheur. Il s'agit donc de reconnaître en tous les organismes vivants une sensibilité qui les rend sujets à la douleur et capables d'accéder au bonheur.

Ce sentiment de compassion universelle est très puissant, et il n'est pas nécessaire de s'identifier à chaque être vivant pour le rendre efficace. Cette démarche s'apparente à la reconnaissance de la nature universelle du changement ; lorsque l'on cultive la perception que chaque chose et chaque fait ne sont pas permanents, il n'est pas nécessaire d'examiner un à un tous les phénomènes de l'univers pour s'en convaincre. L'*esprit* ne fonctionne pas *ainsi : il* est important de bien le comprendre.

Le temps et la patience aidant, il est dans nos capacités de développer cette compassion universelle. Évidemment, notre égocentrisme et notre attachement à la sensation d'un moi unique et absolu agissent en profondeur pour inhiber notre compassion. Et il est certain que la véritable compassion ne peut être vécue que lorsque ce genre d'adhésion au moi a disparu. Nous pouvons cependant commencer à cultiver la compassion et à faire des progrès immédiatement.

PAR OÙ COMMENCER ?

Il faut commencer par éliminer les plus grands obstacles à la compassion : la colère et la haine. Comme nous le savons tous, ces émotions extrêmement puissantes peuvent bouleverser notre esprit. Cependant, malgré leur pouvoir, la haine et la colère sont maîtrisables. Si nous ne les dominons pas, ces émotions risquent de nous empoisonner l'existence – sans qu'elles le veuillent ! – et nous empêcher de goûter au bonheur que procure l'affection.

Mais peut-être ne considérez-vous pas la colère comme un obstacle ; il est donc utile, comme point de départ, d'analyser si elle présente un intérêt ou non. Parfois, lorsqu'une situation difficile nous exaspère, un accès de colère semble apporter un regain d'énergie, de confiance et de détermination. Cependant, dans ces moments-là, nous devrions examiner plus attentivement notre état d'esprit. Il est certainement vrai que la colère procure un surcroît d'énergie, mais si nous examinons la nature de cette énergie, nous découvrons qu'elle est aveugle. En effet, nous ne pouvons pas savoir avec certitude si ses effets seront positifs ou négatifs, car cet énervement éclipse la partie rationnelle de notre cerveau. Aussi l'énergie de la colère n'est-elle presque jamais fiable. Elle peut provoquer des comportements néfastes et très destructeurs. Lorsqu'elle augmente et atteint son apogée, la colère fait perdre la raison et nous agissons alors au détriment des autres et de nous-mêmes.

Fort heureusement, pour gérer les situations difficiles, il est possible de développer une énergie aussi puissante mais beaucoup plus contrôlée. La maîtrise de cette énergie provient non seulement d'une attitude compatissante, mais aussi de la raison et de la patience. Ce sont les antidotes les plus efficaces contre la colère. Hélas, on interprète souvent la raison et la patience comme des signes de faiblesse. Je crois, bien au contraire, *que* ce sont là les marques d'une véritable force intérieure. Par nature, la compassion est bonne, douce et pacifique, mais elle est aussi très puissante. Elle nous procure de la force intérieure et nous incite à la tolérance. Ceux qui perdent facilement patience montrent au contraire des signes d'insécurité et d'instabilité. D'après moi, donner libre cours à la colère est manifestement une preuve de faiblesse.

Ainsi, lorsqu'un problème surgit, tâchez de rester humble et, avec une attitude sincère, cherchez une solution équitable. Bien sûr, les autres vont peut-être essayer de tirer profit de votre souci de justesse, et si votre détachement ne fait qu'attiser l'agressivité gratuite, prenez fermement position. Mais cela doit être fait avec compassion et, si vous devez exprimer vos opinions et prendre des mesures fortes, faites-le sans colère ni malveillance.

En fait, comprenez que même si vos adversaires semblent vous faire du tort, finalement, par leur attitude destructrice, ils nuisent surtout à eux-mêmes. Afin de dominer le réflexe égoïste qui consiste à rétorquer, rappelez-vous que vous essayez de pratiquer la compassion et d'aider autrui à ne pas souffrir des conséquences de ses actes. Si les mesures que vous prenez ont été choisies avec calme, elles n'en seront que plus efficaces, plus précises et plus puissantes. Le désir de représailles, dicté par l'énergie de la colère, atteint rarement son but.

AMIS ET ENNEMIS

Je voudrais de nouveau revenir sur l'idée que pour développer la compassion, la raison et la patience, il ne suffit pas de penser à leur valeur. Il faut aussi, lorsque des difficultés se présentent, essayer de les appliquer. Et qui crée ces difficultés ? Certainement pas nos amis, mais nos ennemis. Ce sont eux qui nous causent le plus d'ennuis. Donc, si nous désirons vraiment apprendre, il nous faut considérer nos ennemis comme les meilleurs des maîtres ! Pour celui ou celle qui cherche à cultiver la compassion et l'amour, la patience est une pratique essentielle et les ennemis s'avèrent indispensables. Aussi devons-nous être reconnaissants envers nos ennemis, car ce sont eux qui nous aident le plus à avoir un esprit en paix ! De plus, la vie personnelle et publique nous montre qu'au gré des circonstances, les ennemis deviennent souvent des amis.

Bien sûr, il est naturel de vouloir s'entourer d'amis. Mais l'amitié naît-elle des conflits et de la colère, de la jalousie et de la compétition *effrénée* ? Je ne le crois pas. La meilleure manière de se faire des amis, c'est en étant très affectueux ! Seule l'affection nous apporte des amis fidèles et sincères. Prenez vraiment soin des autres, préoccupez-vous de leur bien-être, aidez-les, servez-les, faites-vous plus d'amis, créez plus de sourires. Que vous rapportera ce comportement ? Beaucoup de soutien lorsque vous aurez besoin d'aide. En revanche, si vous négligez le bonheur d'autrui, à long terme c'est vous qui y perdrez.

Dans notre société matérialiste, l'argent et le pouvoir semblent nous offrir beaucoup d'amis. Mais ce ne sont pas vos amis ; ce sont les amis de votre argent et de votre pouvoir. Perdez votre richesse et votre influence et vous verrez combien il est difficile de retrouver la trace de ces gens.

Lorsque tout se passe bien dans notre vie, nous croyons pouvoir nous débrouiller seuls, sans avoir besoin d'amis. Mais si notre statut social ou notre richesse déclinent, nous comprenons vite que nous étions dans l'erreur. Pour nous préparer à cette éventualité, pour avoir des amis authentiques qui nous aideront en cas de besoin, nous devons donc cultiver la compassion !

Bien que cela en fasse parfois rire certains, je dis souvent que je veux avoir encore plus d'amis. J'adore les sourires. De ce fait, j'ai appris à me faire plus d'amis, pour obtenir plus de sourires, surtout des sourires authentiques.

Il y a toutes sortes de sourires, des sourires sarcastiques, artificiels ou diplomatiques. De nombreux sourires manquent de sincérité ; ils provoquent de la suspicion, voire de la peur, n'est-ce pas ? Mais un sourire sincère dégage une impression de fraîcheur qui, d'après moi, est le propre des êtres humains. Si nous voulons voir apparaître de tels sourires, c'est à nous d'en créer les causes.

Alors, comment se faire des amis ? Certainement pas par la haine et la confrontation. Il est impossible de créer des liens amicaux en frappant les gens ou en leur déclarant la guerre. Une vraie amitié ne peut naître que d'une coopération fondée sur l'honnêteté et la sincérité, autrement dit grâce à un esprit ouvert et à un cœur chaleureux. À mon avis, nos interactions quotidiennes avec autrui nous le montrent bien.

VAINCRE L'ENNEMI QUI EST EN SOI

La colère et la haine sont nos véritables ennemies. Ce sont elles que nous devons combattre et vaincre. Tant que nous n'aurons *pas* entraîné notre esprit à affaiblir leur pouvoir négatif, ces émotions continueront à nous perturber et à anéantir tous nos efforts de paix intérieure.

Pour éliminer le potentiel destructeur de la colère et de la haine, nous devons comprendre que leur source se situe dans la quête d'un profit et d'un bien-être personnels qui néglige le bonheur d'autrui. Cet égocentrisme latent n'alimente pas seulement la colère, mais aussi tous nos états mentaux. Il s'agit d'une perception trompeuse qui ne nous montre pas la vraie nature des choses, et de cette fausse interprétation émanent toutes les souffrances et l'insatisfaction que nous rencontrons. Aussi, le pratiquant de la compassion et de l'affection doit-il bien cerner la nature pernicieuse de cet ennemi intérieur et sa façon naturelle de produire immanquablement des effets préjudiciables.

Afin de percer ce processus destructif au grand jour, nous devons apprendre à mieux connaître la nature de l'esprit car, comme je le dis toujours, l'esprit est un phénomène très complexe. La philosophie bouddhiste relève de nombreux types d'esprits, ou consciences, et la méditation permet de développer une grande familiarité avec les perpétuels changements de nos états mentaux.

Selon la recherche scientifique, la matière est constituée de particules. Certaines compositions moléculaires et chimiques ainsi que les structures atomiques dotées d'une valeur positive sont actualisées, alors que celles qui ne disposent pas de propriétés aussi bénéfiques sont négligées, voire délibérément écartées. L'analyse discriminante a conduit à des résultats fascinants.

Si l'on accordait autant d'attention à l'étude de l'esprit, au monde de l'expérience et des phénomènes mentaux, on découvrirait une multiplicité d'états qui diffèrent selon le mode d'appréhension, l'objet ou le degré d'intensité dont l'esprit appréhende son objet. Puisque certains aspects de l'esprit sont utiles et bénéfiques, nous devrions les identifier avec exactitude et développer leur potentiel. En procédant comme les scientifiques, si l'analyse nous prouve que certains aspects de l'esprit ne sont pas positifs car ils engendrent souffrances et problèmes, nous devrions chercher un moyen de les supprimer. Un tel projet est certainement des plus intéressants : c'est en tout cas la préoccupation essentielle d'un pratiquant bouddhiste. Cela équivaut à ouvrir le cerveau pour faire des expériences sur de minuscules cellules, afin de déterminer *lesquelles* produisent la joie et lesquelles déclenchent la douleur. Aussi longtemps que ces ennemis resteront en nous-mêmes, nous courons un grand danger.

Avant d'aborder la technique bouddhiste de l'entraînement de l'esprit, il faut comprendre et apprécier la complexité de la tâche que l'on entreprend. Les écrits bouddhistes parlent de quatre-vingt-quatre mille types de pensées nuisibles, auxquelles correspondent quatre-vingt-quatre mille approches ou antidotes. Il ne faut donc pas s'attendre à trouver, comme par enchantement, la solution miracle qui nous délivrera de toutes ces forces négatives. Nous devons, sur une longue période de temps, appliquer des méthodes nombreuses et variées afin d'obtenir des résultats probants. Une grande détermination et beaucoup de patience sont donc de rigueur. Ne vous attendez pas, dès les premiers pas sur la voie du dharma, à atteindre l'Éveil en une semaine. Ce serait irréaliste.

Le grand saint bouddhiste Nagarjuna a écrit de magnifiques pages sur la nécessité d'être patient quant à un véritable engagement dans un processus de transformation mentale. Il précise que si – par l'entraînement et la discipline de l'esprit, par la vision profonde et son habile application – on parvient à produire en soi un état tranquille et confiant, fondé sur une démarche authentique et définitive, le temps nécessaire à l'atteinte de l'Éveil importe peu. Or, contrairement à Nagarjuna, le temps a pour nous une grande importance. Si nous sommes accablés par un événement insoutenable, même de courte durée, nous brûlons d'impatience et cherchons une issue le plus rapidement possible.

Puisque la compassion et l'affection se développent au prix d'un effort conscient et continuel, commençons par identifier les conditions favorables à l'émergence de nos qualités de cœur et les circonstances adverses qui nous empêchent de cultiver ces états positifs. À cette fin, nous devons vivre avec un esprit alerte et une attention constante. La maîtrise de la vigilance doit être telle qu'à chaque nouvelle situation, nous pouvons immédiatement reconnaître si les circonstances sont favorables ou, au contraire, si elles nuisent au développement de la compassion et de l'affection. En poursuivant cette pratique, nous pourrons progressivement réduire les effets des forces obstructives et accroître les conditions propices au développement de ces deux qualités.

Comme je l'ai mentionné précédemment, toute souffrance et tout bonheur sont d'ordre physique ou mental. Quand une douleur se manifeste sous forme physique, elle peut être soulagée par un état d'esprit positif. En effet, un esprit calme peut la neutraliser. L'acceptation et la volonté d'endurer la douleur marquent aussi une grande différence. En revanche, s'il s'agit d'un tourment plus mental que physique, il est très difficile de le calmer par un réconfort physique. On peut bien sûr essayer de l'endormir par des gratifications sensorielles, mais cela ne dure pas et le mal risque d'empirer. Il est donc très bénéfique de s'adonner tous les jours à un entraînement mental, sans forcément entrer dans des considérations d'ordre spirituel relatives à la mort ou à la voie vers l'Éveil. Pourtant, même si des visées aussi lointaines ne nous intéressent pas, il vaut mieux prendre soin de son esprit que de se préoccuper uniquement de son argent.

Évidemment, le bouddhisme ne cherche pas seulement à atténuer la douleur, mais à libérer tous les êtres de la souffrance. Or, s'il est difficile d'endurer sa propre souffrance, comment pouvons-nous envisager d'assumer celle de tous les êtres ? Dans son célèbre *Guide de vie d'un bodhisattva*, Shantideva, un maître indien du viiie siècle, explique la différence phénoménologique entre la douleur ressentie lorsque nous prenons sur nous la souffrance d'un autre être et celle qui émane directement de nous et de notre propre souffrance. La première contient un élément d'inconfort, car nous partageons certes la douleur de l'autre, mais nous gardons aussi une certaine stabilité d'esprit en acceptant délibérément cet état. Dans la participation intentionnelle à la souffrance d'autrui, il y a un sentiment de force et de confiance tandis que dans le deuxième cas, notre expérience des douleurs et des souffrances est involontaire. Comme elle échappe à notre contrôle, nous nous sentons faibles et bouleversés.

Les enseignements bouddhistes sur l'altruisme et la compassion utilisent des aphorismes comme: «Ne vous souciez pas de votre propre bien-être mais privilégiez celui d'autrui.» Ces formules peuvent paraître intimidantes, mais il faut les replacer dans leur contexte, celui d'une pratique où l'on partage volontairement la souffrance et la douleur de l'autre. En fait, il faut être capable de s'aimer soi-même avant de vouloir prendre soin d'autrui. L'amour de soi ne naît pas d'un sentiment de dette personnelle dont *nous serions* redevables à nous-mêmes. La capacité à s'aimer repose plutôt sur le fait que, par nature, nous désirons tous être heureux et éviter la souffrance. Après avoir reconnu cet amour de soi, il est possible de l'étendre à tous les êtres sensibles. Par conséquent, lorsque certains enseignements nous exhortent à ne pas rechercher notre propre bien-être mais à favoriser celui d'autrui, il faut les comprendre dans le cadre d'un entraînement à la compassion idéale. Nous devons surtout éviter de nous complaire dans des pensées égocentriques qui négligeraient l'impact de nos actions sur autrui.

Nous pouvons aussi apprendre à estimer les êtres en reconnaissant que leur affection joue un grand rôle dans nos propres expériences de bonheur, de joie et de réussite. Cela devrait être notre considération première. Ensuite, l'analyse devrait nous montrer que tous nos problèmes et nos souffrances proviennent d'attitudes égocentriques qui privilégient notre bien-être personnel aux dépens de celui d'autrui, alors que nos joies et notre confiance sont issues de pensées et d'émotions tournées vers les autres. En comparant ces deux attitudes – penser uniquement à soi et se soucier des autres –, nous comprendrons à quel point le bonheur d'autrui est précieux.

L'ÉQUANIMITÉ
Puisqu'une authentique compassion est universelle et impartiale, il faut commencer

par la développer en cultivant l'équanimité envers tous les êtres. Selon le bouddhisme, la personne que l'on considère comme un ami ou un parent dans cette vie a pu être notre pire ennemi dans une vie antérieure. On peut appliquer le même raisonnement à la personne que l'on tient pour ennemie : bien qu'elle nous fasse du tort et nous soit nuisible au cours de cette vie, ce fut peut-être notre meilleure amie, voire notre mère, dans une vie passée. En réfléchissant au caractère fluctuant de nos relations avec autrui ainsi qu'au potentiel présent en chaque être de devenir tantôt ami, tantôt ennemi, on apprend à développer cette neutralité d'esprit appelée « équanimité ».

Cet entraînement demande un certain détachement, mais encore faut-il comprendre le sens de ce terme. Parfois, en entendant parler du « détachement » bouddhiste, certains pensent que cette tradition prône l'indifférence. Il n'en est rien. Cultiver le détachement consiste à supprimer les émotions fondées sur des considérations superficielles quant à notre proximité ou à notre distance vis-à-*vis d'autrui. Puis*, à partir de là, il est possible de développer une compassion véritablement universelle. « Détachement » ne signifie pas « indifférence » au monde ou à la vie

– c'est précisément le contraire. Une profonde expérience de détachement constitue le terrain sur lequel se bâtit une authentique compassion envers tous les êtres.

Coopération entre les religions

Une fois, dans un monastère espagnol, près de Barcelone, j'ai rencontré un moine chrétien qui avait passé cinq ans dans un ermitage derrière le monastère. Quand je me suis rendu au monastère, il est venu me voir. Son anglais n'était pas bon, en fait pire que le mien. Nous ne pouvions pas parler beaucoup. Nous nous sommes regardés dans les yeux. J'ai ressenti une expérience très heureuse, une sorte de vibration. Cela m'a aidé à comprendre le véritable résultat de la pratique chrétienne. Le christianisme propose une méthode, une tradition et une philosophie différentes… cependant, il produit une telle personne. Je lui ai demandé :

— Qu'avez-vous pratiqué pendant vos années de solitude ?

— Je me suis concentré sur l'amour, me répondit-il.

Ainsi, voyez-vous, c'est la même chose, n'est-ce pas? Mais cela ne signifie pas que toutes les théories soient identiques. Je crois qu'une grande variété de théories doit être utile, puisqu'il y a une grande variété de gens.

QUESTION: *Pourquoi les différentes traditions varient-elles tant sur leurs explications de la vérité et sur les moyens de l'obtenir?*

DALAÏ-LAMA: Pour moi qui suis bouddhiste, le développement spirituel est très utile en tant que guide pour cette vie. Mais cela ne signifie pas que chacun doive suivre le bouddhisme. Il existe tellement de dispositions mentales différentes! Pour certaines personnes, le bouddhisme peut simplement ne pas marcher. Les religions différentes répondent aux besoins des personnes différentes.

Coopération entre les religions

Extrait d'une intervention faite par le dalaï-lama lors d'un rassemblement œcuménique aux États-Unis en 1979.

Qu'il y ait ici un rassemblement commun de croyants de religions variées est un signe positif. Parmi les croyances spirituelles, il y a de nombreuses philosophies, parfois exactement à l'opposé l'une de l'autre sur certains points. Le bouddhisme n'accepte pas l'idée d'un Créateur ; les chrétiens fondent leur philosophie sur cette théorie. Il y a de grandes différences, mais je respecte profondément votre foi, pas simplement pour des raisons politiques ou pour être poli, mais sincèrement. Pendant des siècles, votre tradition a rendu de grands services à l'humanité.

Quand nous prions ensemble, je ressens quelque chose ; nous pouvons faire ensemble l'expérience d'une sensation similaire, que vous l'appeliez bénédiction ou grâce – je ne connais pas les mots exacts. Si nous l'utilisons correctement, cette sensation affermit la force intérieure. Pour un véritable sens de la fraternité, cette sensation – cette atmosphère et cette expérience – est très profitable. C'est pourquoi, j'apprécie particulièrement ces rassemblements œcuméniques.

Toutes les traditions religieuses, en dépit de leurs différences philosophiques, ont un objectif commun. Chaque religion insiste sur le progrès humain, sur l'amour, le respect des autres, le partage des souffrances. Sur ces points, les religions ont plus ou moins le même regard et le même but. Les croyances qui mettent en avant un Dieu Tout-Puissant, la foi en Dieu et l'amour pour Dieu ont pour projet d'accomplir la volonté de Dieu. Nous regardant tous comme des créations et des enfants d'un Dieu unique, elles nous enseignent à nous aimer et à nous aider mutuellement. La véritable finalité d'une croyance sincère en Dieu est d'accomplir Ses souhaits, dont l'essence est l'affection, l'amour, le respect et le service rendu à nos frères humains.

Puisque l'un des objectifs essentiels des autres religions est de favoriser ce type de sentiments et d'actions bénéfiques, je crois très fortement que, de ce point de vue, l'une des fonctions principales de toutes les présentations philosophiques est identique. Grâce aux différents systèmes religieux, les fidèles *assument* une attitude salutaire envers leurs frères humains – nos frères et nos sœurs – et mettent cette bonne motivation au service de la société humaine. Cela a été démontré par un grand nombre de croyants chrétiens au cours de l'histoire ; beaucoup ont sacrifié leur vie pour le bien des hommes. C'est une mise en pratique véritable de la compassion. Lorsque les Tibétains ont rencontré des moments difficiles, des communautés chrétiennes du monde entier se sont fait un devoir de partager nos souffrances et de tout faire pour nous aider. Sans considération de race, de culture, de religion ou de philosophie, elles nous regardent en tant qu'êtres humains et viennent nous aider. C'est pour nous une source d'inspiration et un témoignage de la valeur de l'amour.

Bien que toutes les religions insistent sur la compassion et l'amour, du point de vue philosophique, bien sûr, nous rencontrons des différences, ce qui est acceptable. Les enseignements philosophiques ne sont pas une fin en soi. Le but est d'aider et de secourir les autres ; sont valables les enseignements philosophiques qui soutiennent ces idées. Si nous entrons dans le domaine des différences philosophiques et si nous nous adonnons à la critique mutuelle, c'est sans utilité. Il y aura des controverses sans fin ; le résultat principal que nous obtiendrons sera de nous irriter réciproquement, sans rien accomplir. Mieux vaut comprendre l'objectif des philosophies et prendre en compte ce qu'elles partagent : la recherche de l'amour, de la compassion et du respect envers une force supérieure.

Aucune religion ne considère fondamentalement que le progrès matériel soit suffisant pour l'humanité. Toutes croient dans des forces au-delà du progrès matériel. Toutes s'accordent pour dire qu'il est très important et nécessaire de faire un puissant effort pour servir la société humaine. Pour y arriver, il est important que nous nous comprenions. Dans le passé, en raison d'attitudes d'esprit étroites et de divers facteurs, des discordes ont parfois éclaté entre les groupes religieux. Cela ne doit pas se reproduire. Si nous regardons en profondeur la valeur d'une religion dans le contexte de la situation mondiale, nous pouvons facilement transcender ces malencontreux événements. Il existe en effet de nombreux domaines où un fonds commun peut nous procurer l'harmonie. Soyons simplement côte à côte – nous aidant, nous respectant et nous comprenant mutuellement – dans un effort commun pour servir l'humanité. Le but de *la société humaine* doit être l'amélioration compatissante des êtres humains.

&

QUESTION: *En tant que chef religieux, cherchez-vous à encourager activement les autres à rejoindre votre foi ? Ou bien adoptez-vous la position d'être disponible dans le cas où quelqu'un cherche à connaître votre foi ?*

DALAÏ-LAMA: C'est une question importante. Je ne cherche pas à convertir les gens au bouddhisme, mais à savoir comment nous, les bouddhistes, pouvons apporter une contribution à la société humaine, selon nos propres idées. Je crois que d'autres religions pensent de la même manière, désirant contribuer à un but commun.

Parce que les différentes religions se sont parfois opposées plutôt que de se concentrer sur les moyens de contribuer à un objectif commun, j'ai saisi toutes les occasions, dans les vingt dernières années, maintenant que je suis en Inde, de rencontrer des moines chrétiens, catholiques et protestants, aussi bien que des musulmans, des juifs et, bien sûr, en Inde, des hindous. Nous nous rencontrons, nous prions ensemble, nous méditons ensemble, nous discutons leurs idées philosophiques, leur approche, leurs techniques. Je suis intéressé par les pratiques chrétiennes, par ce que nous pouvons apprendre et retenir de leur système.

De la même façon, dans la théorie bouddhiste, il peut y avoir des éléments, comme les techniques de méditation, qui peuvent être utilisés par l'Église chrétienne.

Le Bouddha a montré un exemple de contentement, de tolérance et de service des autres sans motivation égoïste ; le Christ a fait de même. Presque tous les grands enseignants religieux ont mené une vie sainte, non pas dans le luxe comme les rois ou les empereurs, mais comme de simples humains. Leur force intérieure était très grande, sans limite, mais leur apparence extérieure était celle du contentement dans un style de vie simple.

Peut-il y avoir une synthèse entre le bouddhisme, le judaïsme, le christianisme, l'hindouisme et toutes les religions, rassemblant le meilleur de chacune pour constituer une religion mondiale ?

Constituer une nouvelle religion mondiale est difficile et n'est pas particulièrement souhaitable. Cependant, dans la mesure où l'amour est essentiel dans toutes les religions, on pourrait parler de la religion universelle de l'amour. Quant aux techniques et aux méthodes pour développer l'amour et pour atteindre le salut ou une libération permanente, il y a de nombreuses différences entre les religions. Je ne pense donc pas que nous pourrions créer une philosophie ou une religion unique.

Mieux encore, je crois que les différences dans les croyances sont utiles. Il y a une richesse dans le fait qu'il y ait tant de présentations différentes du chemin. Étant donné qu'il y a une telle diversité de gens avec des prédispositions et des inclinations variées, c'est utile.

Cependant, la motivation de toutes les pratiques religieuses est identique : l'amour, la sincérité, l'honnêteté. Le mode de vie de presque toutes les personnes religieuses est le contentement. L'enseignement de la tolérance, de l'amour et de la compassion est le même. L'un des buts fondamentaux est le bien de l'humanité, chaque système cherchant à sa propre manière à améliorer les êtres humains. Si nous accordons trop d'importance à notre propre philosophie, notre propre religion ou notre propre théorie, si nous y sommes trop attachés et si nous cherchons à les imposer aux autres, cela crée des perturbations. Fondamentalement, tous les grands maîtres, tels le Bouddha Gautama, Jésus-Christ ou Mahomet, ont fondé leur enseignement nouveau sur une motivation dirigée vers le bien de leurs frères humains. Leur intention n'était pas de gagner quelque chose pour eux-mêmes ni de créer davantage de trouble et d'agitation dans le monde.

La chose la plus importante est que nous nous respections les uns les autres et que nous apprenions les uns des autres ce qui enrichira notre propre pratique. Même si les systèmes sont distincts, puisqu'ils ont tous le même but, leur étude sera profitable.

Parfois, certaines comparaisons entre les religions orientales et la culture occidentale aboutissent à la conclusion que l'Occident est plus matérialiste et moins éveillé que l'Orient. Percevez-vous ce type de différence ?

Il y a deux sortes de nourriture : la nourriture pour la faim de l'esprit et la nourriture pour la faim du corps. Aussi la combinaison des deux – le progrès matériel et le développement spirituel – est-elle la chose la plus pratique. Je crois que de nombreux Américains, notamment de jeunes Américains, prennent conscience que le seul progrès *matériel n'est pas* une réponse complète pour une vie humaine. À l'heure actuelle, toutes les nations orientales s'efforcent de copier la technologie occidentale. Nous, les Orientaux, par exemple les Tibétains comme moi-même, regardons la technologie occidentale avec l'impression que, lorsque nous aurons développé le progrès matériel, notre peuple pourra atteindre une sorte de bonheur permanent. Mais, quand je viens en Europe et en Amérique du Nord, je vois que sous la belle surface il reste du malheur, de l'insatisfaction mentale et de l'agitation. Cela montre que le seul progrès matériel n'est pas la réponse complète à l'aspiration des hommes.

&

Washington, New Jersey, 25 septembre 1989

« Le dalaï-lama nous a appris beaucoup de choses sur le bouddhisme, encore plus sur le *Menschlichkeit* et plus encore sur le judaïsme. Comme le fait tout vrai dialogue, cette rencontre avec le dalaï-lama nous a ouverts à l'intégrité de la foi de l'autre. D'une façon tout aussi valable, la rencontre nous a rappelé des aspects négligés de nous-mêmes, des éléments du judaïsme qui restent oubliés jusqu'à ce qu'ils nous soient renvoyés par le miroir de l'Autre. »

Rabbin Irving Greenberg

« Les nazis sont venus parmi mon peuple comme les Chinois parmi le vôtre. »
Rabbin Laurence Kushner

&

Un dialogue judéo-bouddhiste inhabituel a eu lieu aujourd'hui, dans un monastère situé dans la verdure idyllique d'une colline surmontant les rues commerçantes et les comptoirs de soldes du New Jersey.

« Je veux apprendre la "technique secrète" des Juifs pour survivre », dit le dalaï-lama qui ouvrit la rencontre. Le chef spirituel et temporel de six millions de Tibétains et de milliers d'Occidentaux déclara qu'il était intrigué par plusieurs parallèles possibles entre le judaïsme et le bouddhisme tibétain. Notamment l'importance de l'érudition et, plus encore, la croyance dans le caractère sacré et l'interdépendance de toute vie.

Un *shofar* (corne de bélier) et un *tallit* (châle de prière) furent offerts au chef bouddhiste rayonnant, qui enfila la corne dans sa ceinture et posa le châle sur ses habits de moine.

La discussion, très vivante, dura trois heures et, bien qu'elle portât sur des sujets très sérieux comme le maintien de l'identité culturelle malgré la diaspora et la comparaison des conceptions religieuses, cosmologiques et théologiques, elle fut ponctuée de rires.

Avant de quitter la rencontre, le rabbin Kushner parla des similitudes entre le bouddhisme tibétain et l'essence spirituelle du judaïsme. « L'essence du judaïsme est l'irrésistible intuition que l'unité de tous les êtres est au-delà de toute représentation matérielle. Cela semble être aussi l'essence du bouddhisme, dit-il. Et l'importance de l'amour, de la compassion et de la non-violence chez les bouddhistes, qui résulte directement de cette vision du monde, correspond aux principes fondamentaux du judaïsme. »

Aux bouddhistes occidentaux

Nous sommes rassemblés ici parce que chacun d'entre nous cherche un sens plus profond à sa vie. Les jours précédents, j'ai dit à plusieurs reprises que le développement intérieur était aussi important et utile que le progrès matériel. Vous pouvez observer par vous-mêmes que, lorsque des personnes qui possèdent une force intérieure sont confrontées à des difficultés, elles sont mieux armées que d'autres pour leur faire face. J'ai pu vérifier ce fait avec ma propre expérience, aussi limitée soit-elle. Une personne dans ma position, dans une situation complexe et chargée de lourdes responsabilités, pourrait, dans de telles circonstances, être atteinte de certains troubles mentaux. Cependant, comme vous pouvez le constater sur mon visage, je ne suis guère perturbé. Nous sommes pourtant conscient que des événements tragiques ont lieu ; mais nous les acceptons comme des faits et nous faisons de notre mieux. Il ne fait aucun doute que la force intérieure peut aider ; elle influe sur la manière dont nous abordons les difficultés et les affrontons.

Étant donné que la nature de chacun est plus ou moins semblable, la pratique de la religion bouddhiste peut avoir des implications profondes et bénéfiques pour tous les êtres humains, quelles que soient leurs origines. Il ne s'agit pas d'attendre de sa pratique une renaissance ou ce genre de choses ; si nous adoptons une attitude juste à l'égard de nos semblables, cela, en retour, nous apportera une grande satisfaction, dans le cadre de cette vie. Les principes de cette attitude doivent être une bonne motivation et la compassion.

Bien que ce soient principalement les textes du chemin des bodhisattvas – le grand véhicule (*mahayana*) – qui expliquent la compassion, toute la pensée bouddhiste repose sur celle-ci. L'ensemble des enseignements bouddhistes peuvent se résumer en deux phrases. « Vous devez aider les autres » serait la première, qui résume les enseignements du grand véhicule. *La seconde serait* : « Sinon, vous ne devez pas faire de mal aux autres » ; cette phrase contient le petit véhicule (*hinayana*) ou le *théravada* ; elle exprime la base de toute éthique, qui est de cesser de nuire aux autres. Ces deux enseignements sont fondés sur une pensée d'amour et de compassion. Un bouddhiste doit, quand cela est possible, aider les autres. Quand ce n'est pas possible, au moins ne faites aucun mal aux autres.

Quand nous pratiquons, au début, nous cherchons avant tout à nous contrôler, à cesser toute action mauvaise qui nuirait aux autres, tout autant que nous le pouvons. C'est une attitude défensive. Après quoi, quand nous atteignons certaines qualifications, alors nous devons nous fixer comme but effectif d'aider les autres. Lors de la première étape, nous avons par moments besoin d'isolement pour poursuivre notre développement intérieur ; cependant, une fois que nous avons acquis une certaine confiance, une certaine force, nous devons demeurer dans la société, la rencontrer et la servir dans un domaine ou un autre : la santé, l'éducation, la politique, etc.

Certaines personnes se targuent d'être des esprits religieux, s'efforçant de le démontrer par des habits, observant un style de vie particulier et s'isolant du reste de la société. Cela n'est pas une bonne attitude. Un texte tiré de *L'Entrainement de l'esprit* dit : « Transforme ta vision intérieure, mais laisse ton apparence extérieure telle qu'elle est.» Cela est important. Parce que l'essence de la pratique du grand véhicule est de servir les autres, vous ne devez pas vous isoler de la société. Afin de servir, afin d'aider, vous devez demeurer dans la société.

Voilà un premier point. Le deuxième concerne l'usage de notre cerveau, qui doit égaler celui de notre cœur. D'un point de vue éthique, il nous faut développer une qualité de cœur bonne et chaleureuse. D'autre part, étant donné que le bouddhisme comprend une grande part de raisonnement et de logique (son côté sagesse), l'intelligence est très importante. Par conséquent, une combinaison de l'esprit et du cœur est requise. Sans connaissance, sans une intelligence pleinement utilisée, vous ne pouvez atteindre les profondeurs de la doctrine bouddhiste ; il est très difficile d'obtenir une sagesse concrète ou entièrement qualifiée. Il peut y avoir des exceptions, mais c'est la règle générale.

Il est nécessaire de combiner l'écoute, la *réflexion* et la méditation. Lorsqu'on est engagé dans l'écoute, il est important d'imprégner l'esprit de ce qui est entendu, de le familiariser avec ce qui est reçu. L'étude d'une religion est différente de celle de l'Histoire. Il faut en imprégner votre continuum mental. Votre esprit doit en être pénétré.

Un soutra compare les pratiques à un miroir : les actions de votre corps, de votre parole et de votre esprit forment comme un visage dans un miroir ; par les pratiques, vous pouvez ainsi reconnaître vos défauts et vous en débarrasser graduellement. Il est dit dans la transmission orale : « S'il y a assez d'espace entre vous et vos pratiques pour que quelqu'un puisse y passer, c'est que vous ne les accomplissez pas correctement. » Les pratiques, dans ce cas, deviennent un objet de divertissement, puis un objet de controverse et, après une bonne dose de controverse, elles peuvent dégénérer en affrontement. Ce n'est vraiment pas le but de la religion.

Lorsque nous apprenons les pratiques, nous devons les relier à notre comportement. Une histoire raconte qu'un yogi érudit kadampa lisait un passage de la Discipline (le *Vinaya*) exposant qu'il n'est pas correct de s'asseoir sur la peau d'un animal. Or il était assis sur une peau d'ours. Immédiatement, il l'ôta de dessous de lui. Puis, poursuivant sa lecture, il apprit qu'il était permis de faire usage d'une peau d'animal si le temps était froid et la personne malade; il reprit alors soigneusement sa peau d'ours. Telle est la vraie pratique: appliquer immédiatement ce qu'on apprend.

Si l'on étudie la religion en général ou le bouddhisme en tant que sujet académique, l'approche sera fondamentalement différente. On aura pour seule motivation d'acquérir une connaissance théorique dans un nouveau domaine. Mais nous qui sommes supposés être bouddhistes, qui sommes supposés pratiquer, nous devons nous efforcer d'appliquer les enseignements en même temps que nous les apprenons. Nous pouvons alors faire l'expérience de leur véritable valeur.

Le troisième point dont je voudrais parler est que, lorsque vous commencez à pratiquer, vous ne devriez pas avoir trop d'attentes. Nous vivons à l'époque des ordinateurs et de l'automation; vous avez peut-être l'impression que le développement intérieur est aussi une chose automatique, qu'il vous suffit d'appuyer sur un bouton pour que tout change. Mais ce n'est pas ainsi. Le développement intérieur n'est pas un chemin facile et exige du temps. Le progrès extérieur, les récentes missions spatiales et autres réalisations techniques n'ont pas atteint leur niveau actuel en un bref laps de temps, mais après des siècles de recherche, chaque génération apportant de nouveaux progrès issus de ceux de la génération précédente. Le progrès intérieur est encore plus difficile, puisque l'amélioration, dans ce cas, ne peut être transmise de génération en génération. L'expérience de votre vie passée influence considérablement votre vie présente et la vie présente sert de base au développement de votre prochaine vie, mais le transfert du progrès intérieur d'une personne à une autre est impossible. Tout dépend donc de vous et cela prendra du temps.

J'ai rencontré des Occidentaux qui, au début, montraient beaucoup d'enthousiasme pour la pratique, mais qui, quelques années plus tard, l'avaient oubliée au point qu'il n'en restait pas la moindre trace. Cela tient au fait que, au début, leur attente de résultats était trop grande. *La Marche vers l'Éveil* de Shantideva insiste sur l'importance de la patience. Cette patience n'est pas seulement une attitude à l'égard de vos ennemis, mais également une attitude de sacrifice, de détermination, qui vous empêche de tomber dans la paresse et dans le découragement. Vous devez être résolu à pratiquer la patience. Cela est important.

Laissez-moi prendre mon propre exemple. Je suis né dans une famille bouddhiste, dans un pays principalement bouddhiste, même s'il comprenait aussi des chrétiens, des musulmans ainsi que de nombreux fidèles de l'ancienne religion tibétaine, le *bœun*. J'ai pu étudier le bouddhisme dans ma propre langue et je suis devenu moine très jeune. Du point de vue de la pratique de l'enseignement bouddhiste, j'ai donc eu beaucoup plus de facilités que vous. J'ai commencé à porter un véritable intérêt à la pratique relative à mon développement intérieur à l'âge de quinze ou seize ans. J'ai continué à pratiquer depuis et j'ai maintenant quarante-quatre ans [en 1979]. Si je jette un regard rétrospectif sur ces années, je peux constater qu'il s'est produit des améliorations tous les deux ou trois ans. Sur une période de quelques semaines, je ne peux pas constater grand-chose. Il est donc très important d'être déterminé à pratiquer sans relâcher ses efforts.

Le progrès intérieur se produit pas à pas. Vous pouvez penser : «Aujourd'hui, mon calme intérieur, ma paix mentale, est très petit»; mais si vous comparez, si vous regardez cinq, dix ou quinze ans en arrière et si vous vous demandez : «Quelle était alors ma manière de penser? Quelle était alors ma capacité de paix intérieure et qu'en est-il maintenant ? », par cette comparaison avec le passé vous pouvez vous rendre compte qu'il y a eu un certain progrès, quelque chose qui en vaut la peine. C'est ainsi que vous devez comparer ce que vous ressentez aujourd'hui avec ce que vous ressentiez non hier ou la semaine dernière ou le mois dernier ou même l'année dernière, mais cinq ans auparavant. Vous pouvez alors réaliser qu'il s'est produit une amélioration intérieure. Le progrès vient d'un effort constant dans la pratique quotidienne.

On me demande parfois si le bouddhisme – un enseignement ancien venu d'Orient – convient aux Occidentaux. Ma réponse est que l'essence de toutes les religions traite des problèmes humains fondamentaux. Dans la mesure où les humains, qu'ils soient Occidentaux ou Orientaux – blancs, noirs, jaunes ou rouges –, subissent les souffrances de la naissance, de la maladie, de la vieillesse et de la mort, tous sont égaux sur ce plan. Tant que ces souffrances humaines fondamentales sont là, étant donné que l'enseignement est essentiellement en rapport avec cette souffrance, il n'est guère besoin de se demander s'il est adapté ou non.

Il reste cependant la question des dispositions mentales de chaque individu. Telle religion sera plus ou moins bénéfique pour telle ou telle personne. En raison des circonstances variées, la diversité des enseignements qu'on trouve dans les sociétés humaines est nécessaire et utile ; il n'y a pas de doute que, parmi les Occidentaux, il y ait des gens qui trouvent dans le bouddhisme une réponse à leurs demandes.

Lorsque nous parlons de l'essence, aucune adaptation n'est nécessaire ; on peut conserver les concepts fondamentaux. Cependant, en ce qui concerne la surface des choses, un changement est possible. Un moine birman de la tradition *théravada* que j'ai récemment rencontré en Europe et pour qui j'ai conçu un grand respect établit une distinction entre l'héritage culturel et la religion elle-même. J'appellerais cela une différence entre l'essence d'une religion et le niveau superficiel des cérémonies et des rituels. En Inde, au Tibet, en Chine, au Japon ou n'importe où ailleurs, l'aspect religieux du bouddhisme est *le même, mais l'héritage* culturel est différent dans chaque pays. En Inde, le bouddhisme a ainsi incorporé la culture indienne, au Tibet la culture tibétaine, etc. De ce point de vue, l'incorporation de la culture occidentale dans le bouddhisme est possible.

L'essence des enseignements bouddhistes ne change pas ; elle convient à tous les pays. En revanche, les aspects superficiels – certains rituels et certaines cérémonies – ne conviennent pas nécessairement à un environnement nouveau. Ces choses changeront. De quelle manière changeront-elles dans un endroit donné, nous ne pouvons le dire. Nous verrons avec le temps. Lorsque le bouddhisme, venu d'Inde, est arrivé au Tibet, personne n'avait le pouvoir de dire : « Le bouddhisme est maintenant arrivé dans un pays nouveau ; nous devons dorénavant pratiquer de telle manière. » Il n'y eut pas de décision de cette sorte. Les choses ont évolué graduellement si bien que, au bout d'un certain temps, une tradition originale s'est formée. Il est possible qu'une semblable évolution se produise en Occident ; progressivement peut se développer un bouddhisme allié à la culture occidentale. Dans tous les cas, cette génération – votre génération – qui est à l'origine de cette idée nouvelle dans de nouveaux pays est chargée d'une grande responsabilité : celle de prendre l'essence de l'enseignement bouddhiste et de l'adapter à son propre environnement.

Nous devons à cet effet utiliser notre capacité de réflexion, afin d'éviter de tomber dans des extrêmes : le conservatisme et le radicalisme sont aussi néfastes l'un que l'autre. Comme il est enseigné dans les théories de la «voie du milieu», il faut suivre un cours moyen dans tous les domaines. Y compris dans la nourriture que nous consommons chaque jour, nous devons observer la modération : un estomac trop chargé entraînera des troubles ; une sous-alimentation ne convient pas non plus. Dans notre vie quotidienne – dans l'ensemble de notre mode de vie –, il est important de rester au milieu. Il faut éviter les deux extrêmes. Notre cerveau doit avoir une connaissance complète de l'environnement et de l'héritage culturel, une connaissance complète de ce qui a de la valeur pour la vie de tous les jours et de ce qui, bien que faisant partie de l'héritage culturel, peut ne pas être utile dans la vie quotidienne.

Dans le cas de la culture tibétaine, par exemple, certaines traditions du passé peuvent ne pas être utiles pour l'avenir. Lorsque, dans des circonstances nouvelles, l'organisation et le mode de pensée d'une société changent, certains aspects d'une culture peuvent ne plus se révéler utiles. De la même manière, si, en Occident, certains aspects de l'ancienne culture ne sont plus adaptés à la vie moderne, ils doivent être modifiés ; d'autres aspects qui restent pertinents seront conservés. Tentez d'associer votre culture et le bouddhisme.

Si votre intérêt pour le bouddhisme est réel, le plus important est alors de l'appliquer, de le pratiquer. Étudier le bouddhisme et l'utiliser comme une arme afin de critiquer d'autres théories ou d'autres idéologies est une mauvaise voie. Le but même de la religion est de se contrôler soi-même, non de critiquer les autres. Nous devons plutôt nous critiquer nous-mêmes. Qu'est-ce que je fais concernant ma colère ? Concernant mon attachement, ma haine, mon orgueil, ma jalousie ? Ce sont les choses que nous devons enrayer dans notre vie de tous les jours par la connaissance des enseignements bouddhistes.

En tant que bouddhistes, en même temps que nous suivons notre enseignement propre, nous devons respecter les autres croyances : le christianisme, le judaïsme, etc. Nous devons reconnaître et apprécier les contributions qu'elles ont apportées aux sociétés humaines pendant de nombreux siècles ; et nous devons maintenant lutter pour faire un effort commun au service de l'humanité. Il est particulièrement important que les nouveaux bouddhistes gardent à l'esprit la nécessité d'adopter une attitude juste à l'égard des autres traditions.

Au sein même du bouddhisme, il existe différentes écoles, différents systèmes de pratique ; ne considérons pas un enseignement comme supérieur aux autres. Les sentiments sectaires et la critique des autres approches et des autres obédiences sont aussi mauvais qu'un poison : il faut les éviter.

La pratique dans la vie quotidienne est la chose la plus importante ; elle permet de comprendre progressivement la vraie valeur de la religion. Un enseignement n'est pas fait pour entretenir une simple connaissance intellectuelle, mais pour améliorer l'esprit. Pour cela, la religion doit faire partie de votre vie. Si vous mettez l'enseignement spirituel dans un bâtiment et qu'en quittant le bâtiment vous vous séparez de la pratique, vous ne pouvez en comprendre la valeur.

Je souhaite que vous puissiez vous engager dans la pratique avec un cœur bon et qu'avec cette motivation vous puissiez apporter votre *contribution à la société* occidentale. Tels sont mes prières et mes souhaits.

&

QUESTION : *Quel est le rôle d'un maître dans la pratique ? Est-il nécessaire d'avoir un maître ?*

DALAÏ-LAMA : Cela dépend du sujet. Les idées générales du bouddhisme peuvent être apprises dans les livres sans l'aide d'un maître. Mais certains sujets complexes sont difficiles à comprendre uniquement au travers des livres, sans les instructions et les explications d'une personne expérimentée.

Chacun doit, particulièrement en Occident, tenter de développer l'humilité, l'honnêteté et l'éthique dans son existence. Une fois cette fondation établie, qu'est-ce que Sa Sainteté suggère que nous cultivions d'autre dans notre vie, sur cette base de vertu, d'éthique et d'humilité ?

La chose à cultiver est la stabilité mentale. L'éthique est une méthode pour se contrôler soi-même ; c'est un acte de défense. Notre véritable ennemi, voyez-vous, est au-dedans de nous. Les émotions conflictuelles (l'orgueil, la colère, la jalousie…) sont nos vrais ennemis. Ce sont les vrais fauteurs de troubles et nous les trouverons à l'intérieur de nous. Une pratique authentique de la religion consiste à lutter contre ces ennemis intérieurs.

Comme dans toute guerre, nous devons d'abord établir une défense; dans notre combat spirituel contre les émotions conflictuelles, l'éthique est notre défense. Sachant que nous ne sommes pas, au début, pleinement préparés pour l'offensive, nous nous en remettons en premier lieu à la défensive et cette défensive signifie l'éthique. Mais, une fois que les défenses sont établies et qu'on s'est d'une certaine manière habitué à l'éthique, il faut alors lancer l'offensive. Là, notre arme principale est la sagesse. Cette arme de la sagesse est comme une balle de fusil ou peut-être même comme une rocket; le lanceur de rocket est la stabilité mentale. Bref, une fois que vous avez posé la fondation de l'éthique, l'étape suivante est de développer la stabilité mentale et, finalement, la sagesse.

Pourriez-vous, s'il vous plaît, nous donner quelques brefs conseils que nous pourrions suivre dans notre vie quotidienne?

Je ne sais pas. Je n'ai pas vraiment grand-chose à dire. Je dirai simplement ceci: nous sommes tous des humains et, de ce point de vue, nous sommes identiques. Nous voulons tous le bonheur et nous ne voulons pas la souffrance. Si nous considérons ce point, nous verrons qu'il n'existe pas de différence entre les peuples de différentes croyances, races, couleurs ou cultures. Nous avons tous cette aspiration commune au bonheur.

En fait, nous, les bouddhistes, sommes supposés sauver tous les êtres; cependant, d'un point de vue pratique, cela risque d'être une optique trop vaste pour la plupart des gens. Quoi qu'il en soit, nous devons au moins prendre en considération les êtres humains sur cette planète. Cela est très important. Même si nous ne pouvons élargir notre pensée à des êtres habitant d'autres mondes, nous devons considérer l'ensemble des humains de notre planète. Penser ainsi permet d'approcher le problème de manière pratique. Il est nécessaire d'aider les autres non seulement dans nos prières, mais aussi dans notre vie quotidienne. Si nous voyons que nous ne pouvons pas aider les autres, le moins que nous puissions faire est d'éviter de leur faire du mal. Nous ne devons pas les tromper ni leur mentir. Nous devons être des humains honnêtes, des humains sincères.

Que l'on ait une croyance religieuse, que l'on soit une personne religieuse ou non, c'est un autre sujet. Simplement, en tant qu'habitants de cette planète, en tant que membres de la famille humaine, nous avons besoin de ce type de comportement. C'est à partir d'une telle attitude que peuvent s'établir une paix mondiale réelle, durable, et l'harmonie. Par l'harmonie, l'amitié et le respect mutuels, nous pouvons résoudre bien des problèmes. En utilisant ces moyens, il est possible de vaincre les problèmes de manière juste, sans difficulté.

C'est ce que je crois et, partout où je vais, que ce soit dans un pays communiste comme l'Union soviétique, la Mongolie, ou dans une démocratie capitaliste comme les États-Unis ou l'Europe, je donne le même message. Tels sont mes conseils et mes suggestions. C'est ce que je ressens. Moi-même, je pratique de cette manière autant que je peux. Si vous vous trouvez d'accord avec moi et si vous pensez que ce que j'ai dit a une certaine valeur, alors cela aura été profitable.

Voyez-vous, il arrive que des personnes religieuses, des personnes qui sont authentiquement engagées dans la pratique spirituelle, se retirent de la sphère de l'activité humaine. *Selon moi*, ce n'est pas bon, ce n'est pas la bonne voie. Je dois néanmoins nuancer ma pensée. Dans certains cas, lorsque quelqu'un souhaite véritablement s'engager dans une méditation intensive, il est alors légitime de rechercher l'isolement pour des périodes limitées. Mais ces cas constituent, de loin, l'exception ; pour la grande majorité d'entre nous, nous devons nous appliquer à une authentique pratique dans le contexte de la société.

Dans le bouddhisme, l'étude et la pratique sont toutes deux extrêmement importantes ; elles doivent avancer main dans la main. Sans connaissance, s'en remettre à la seule foi, la foi et encore la foi, est bon mais insuffisant. L'aspect intellectuel est tout aussi essentiel. De la même façon, un développement exclusivement intellectuel, sans foi et sans pratique, reste également sans utilité. Il est nécessaire d'associer la connaissance issue de l'étude à une pratique sincère dans la vie de tous les jours. Les deux doivent aller de pair.

Sa Sainteté a parlé de service. Comment pouvons-nous servir dans la société occidentale ?

Si vous aidez ne serait-ce qu'une personne, c'est une aide. Il existe de nombreuses occasions d'aider les autres dans le domaine de l'éducation, à l'école, à l'université, etc. Beaucoup de frères et de sœurs chrétiens accomplissent ainsi un travail que j'admire beaucoup et dont les bouddhistes doivent tirer un enseignement. Dans les domaines de l'éducation et de la santé, vous pouvez donc rendre service directement.

Si vous occupez un autre type d'emploi – travailler dans une entreprise ou dans une usine –, même si vous n'aidez pas les autres directement, vous servez indirectement la société. Même si vous le faites pour gagner un salaire, cela aide indirectement les gens et vous devez essayer de penser : « Mon travail est destiné à aider les gens. » Si vous fabriquez des fusils ou des munitions, cela risque bien sûr d'être difficile ; car si, tout en fabriquant des munitions, vous pensiez sans cesse : « Je fais cela pour aider les autres », ce serait hypocrite, n'est-ce pas ?

J'ai l'impression d'être une personne qui ne vaut pas grand-chose. Comment puis-je travailler sur cela, étant un étudiant débutant dans la méditation ?

Vous ne devriez pas vous décourager. Le potentiel humain est le même pour tous. Votre sentiment : « Je n'ai pas de valeur » est erroné. Complètement erroné. Vous vous trompez vous-même. Nous avons tous le pouvoir de la pensée ; alors de quoi manquez-vous ? Si vous possédez la volonté, alors vous pouvez tout faire. Si vous vous découragez en pensant : « Comment une personne comme moi pourrait-elle accomplir quoi que ce soit ? », alors vous ne pourrez jamais réussir. Dans le bouddhisme, on dit habituellement que l'on est son propre maître. Vous pouvez tout faire.

Peut-on atteindre l'Éveil sans quitter le monde ?

Renoncer au monde signifie abandonner votre attachement au monde. Cela ne signifie pas que vous devez vous en séparer. Le but de l'enseignement bouddhiste est de servir les autres. Afin de pouvoir servir les autres, vous devez rester dans la société. Vous ne devez pas vous isoler du reste de la société.

Accomplir tout ce qui est requis par le chemin (étude, instruction, méditation) et travailler pour fournir à sa famille la nourriture, le logis et la protection sont deux engagements à plein temps. Comment pouvons-nous équilibrer nos engagements ?

Il faut faire autant des deux que l'on peut. C'est ma propre situation : je m'efforce moi-même d'accomplir certaines pratiques et, en même temps, de mener à bien un travail qui bénéficie essentiellement aux autres. Pour ceux qui se trouvent dans des circonstances semblables aux miennes, l'aspect le plus important est de cultiver une bonne motivation et d'accomplir nos activités quotidiennes tout en la préservant. Tôt le matin et tard dans la nuit, vous pouvez passer au moins une demi-heure à pratiquer : méditation, récitation, yoga quotidien, etc. Puis, lorsque vous travaillez pendant la journée, vous devez vous rappeler votre motivation.

Chaque matin avant de travailler, vous devez prendre la résolution de mener à bien votre travail du jour en accord avec l'enseignement que vous suivez et pour le plus grand bien d'autres êtres. Le soir, avant de vous coucher, vérifiez si ce que vous avez fait durant la journée s'est accordé ou non à cette résolution initiale. C'est ainsi qu'il faut mener sa pratique quotidienne.

Raison, science et valeurs spirituelles

Le Bouddha dit dans un soutra :

*Les moines et les érudits doivent
Bien analyser mes paroles,
Comme l'or [qui doit être testé par]
la fusion, l'entaille et le polissage,
Et ensuite les adopter, mais non pour me
montrer du respect.*

Ces paroles du Bouddha signifient que, même si une doctrine particulière est exposée dans les Écritures bouddhiques, on doit l'examiner pour déterminer si elle résiste ou non au raisonnement. Si elle ne résiste pas au raisonnement, il ne convient pas de maintenir une lecture littérale du passage.

&

Supposons que quelque chose soit parfaitement prouvé par la recherche scientifique, qu'une certaine hypothèse soit vérifiée ou qu'un certain fait soit révélé par la recherche scientifique et supposons que ce fait soit incompatible avec la théorie bouddhiste : il ne fait pas de doute que nous devons accepter le résultat des investigations scientifiques. Voyez-vous, la position bouddhiste générale est que nous devons toujours accepter les faits. Une pure spéculation dénuée de base empirique, quand elle est possible, ne suffit pas. Par contre, si une hypothèse a été mise à l'épreuve et s'est révélée cent pour cent certaine, alors nous devons l'accepter.

Je crois que cette notion est au cœur même du mode de pensée bouddhiste. C'est l'attitude bouddhiste générale. Les bouddhistes croient en la réincarnation. Mais supposons que, par le biais de différentes recherches, la science arrive un jour à la conclusion définitive qu'il n'y a pas de réincarnation ; si cela est entièrement *prouvé,* alors nous devrons l'accepter et nous l'accepterons. Il semble donc que la méthode scientifique soit la plus puissante ! Mais, bien sûr, nous savons que cette méthode a aussi ses limites. Fondamentalement, l'attitude bouddhiste, sur n'importe quel sujet, doit être celle qui s'accorde aux faits. Si, après examen, vous trouvez des raisons et des preuves en faveur de quelque chose, vous devez l'accepter. Ceci ne signifie pas qu'il n'y a pas certains domaines au-delà des capacités humaines de réflexion – cela est un autre sujet. Mais des questions comme la taille et la position de la Lune et des étoiles sont des choses que l'esprit humain peut arriver à connaître. Dans ces domaines, il est important d'accepter les faits, la situation réelle, quelle qu'elle soit.

Quand nous examinons certaines descriptions telles qu'elles sont faites dans nos textes, nous voyons qu'elles ne correspondent pas à la réalité. Dans ce cas, nous devons accepter la réalité et non l'explication littérale. Ce doit être une attitude fondamentale.

&

Je crois que la recherche et le développement scientifiques doivent se réaliser en parallèle avec la recherche et le développement spirituels, puisque les deux approches sont concernées par des objets semblables. La première procède par l'expérimentation à l'aide d'instruments et la seconde par l'expérience intérieure et la méditation.

Il faut établir une distinction claire entre ce qui n'est pas découvert par la science et ce qui est découvert par la science comme n'existant pas. Ce que la science découvre comme n'existant pas, un bouddhiste doit nécessairement l'accepter comme n'existant pas, mais ce que la science ne découvre simplement pas est une tout autre affaire. Il est clair qu'il y a de très nombreuses choses mystérieuses. Les sens humains atteignent un certain niveau, mais nous ne pouvons pas dire qu'il n'y a rien au-delà de ce que nous percevons par nos cinq sens. Par ailleurs, un grand nombre de phénomènes physiques que nous pouvons appréhender par nos sens sont aujourd'hui inexplicables et ne seront compris que dans l'avenir.

Dans d'autres domaines, comme celui de la conscience elle-même, bien que les êtres sensibles, y compris les hommes, fassent l'expérience de la conscience depuis des siècles, nous ne savons toujours pas ce que la conscience est vraiment – sa manière de fonctionner et sa nature complète. De telles choses qui n'ont pas de forme, pas de couleur, entrent dans une catégorie de phénomènes qui ne peuvent être compris par des méthodes semblables à celles qui examinent les phénomènes extérieurs.

&

Il semble que la physique moderne accepte l'idée d'une certaine sorte de particules élémentaires indivisibles. On commence par une forme physique qui peut être vue par les yeux, puis on l'analyse, la divisant expérimentalement en parties de plus en plus petites. Il est dit qu'on arrive finalement à une entité substantielle qui ne peut plus être subdivisée et qui est dite indivisible. Tant qu'on peut continuer à la subdiviser, on dit qu'elle est composée de parties et quand on atteint les limites de la divisibilité, l'entité est dite « sans parties ».

La notion bouddhiste de l'absence de parties, ou sa réfutation, n'est pas véritablement fondée sur l'expérimentation. La discussion bouddhiste sur ce sujet ne traite pas de la division empirique de la matière en différentes parties. Elle est au contraire un traitement théorique qui avance la possibilité d'une absence de parties, spatiale ou dimensionnelle. En ce qui concerne la conscience, ce n'est pas une absence spatiale de parties qui est discutée (puisque la conscience n'est pas matérielle et, par conséquent, pas spatiale), mais une absence temporelle de parties. Ainsi, dans les discussions sur l'absence de parties, les « parties » auxquelles on se réfère dans le contexte bouddhiste ne sont pas des subdivisions distinctes vérifiées empiriquement. Les choses matérielles sont divisées en parties spatiales et la conscience est divisée en parties temporelles, d'une manière strictement théorique et abstraite.

&

QUESTION: *Pouvez-vous nous donner des exemples de phénomènes que la science ne découvre pas ?*

DALAÏ-LAMA: La conscience elle-même. À chaque moment, nous avons de nombreux niveaux de conscience différents, grossiers et subtils. Sans même parler des niveaux de conscience subtils, il est difficile d'identifier les niveaux grossiers.

Si l'esprit est supérieur au cerveau ou à un phénomène physique, pourquoi la pensée peut-elle être altérée ou contrôlée par l'absorption de drogue ou par des stimulations du cerveau ?

Il y a différentes sortes de conscience ou d'esprit. Certaines sont très reliées au niveau physique. Par exemple, notre conscience visuelle du moment dépend de l'organe physique qu'est l'œil. Si l'organe est altéré, la conscience ne peut pas fonctionner normalement ; si l'organe visuel est ôté, la conscience ne peut demeurer, à moins d'une transplantation d'organe.

Certaines consciences sont très liées aux organes et aux cellules du cerveau ; ces consciences peuvent être modifiées par la chirurgie du cerveau ou par des techniques électroniques. Cependant, les niveaux subtils de l'esprit sont plus indépendants du corps ; ces consciences sont donc plus difficilement affectées par des moyens physiques.

&

QUESTION: *Pensez-vous qu'en Occident nous devons apprendre à réunir les chemins de la recherche spirituelle et de la recherche scientifique pour écarter les dangers qui menacent l'humanité ?*

DALAÏ-LAMA : Si nous nous concentrons uniquement sur le progrès scientifique, si nous perdons le sens des valeurs humaines, ce sera dangereux. Après tout, le but du progrès scientifique lui-même est d'apporter un bien à l'humanité. Si le progrès scientifique prend un mauvais chemin et apporte davantage de souffrances et de catastrophes à l'humanité, c'est très regrettable. Je crois que le développement spirituel et le développement matériel doivent aller de pair.

&

Dans ce siècle, en même temps que l'intelligence humaine s'est trouvée très enrichie par une connaissance nouvelle dérivée d'importantes découvertes scientifiques, un nouveau courant est fort heureusement en train d'émerger. Les chercheurs des disciplines scientifiques conçoivent un intérêt nouveau pour les concepts moraux et spirituels et sont prêts à reconsidérer leur attitude à l'égard de la capacité du développement spirituel à donner une vision plus complète de la vie et du monde. En particulier, il y a un intérêt croissant parmi la communauté scientifique pour la pensée philosophique bouddhiste. Je pense avec optimisme que durant les quelques prochaines décades se produira un grand changement dans notre vision du monde, à la fois dans une perspective matérielle et dans une perspective spirituelle.

&

QUESTION : *Le bouddhisme renferme une connaissance, une compréhension de l'esprit si grande, alors qu'en Occident nous en avons une si petite. Pensez-vous que l'esprit sera le prochain domaine qu'exploreront les scientifiques ?*

DALAÏ-LAMA : Je crois que la science occidentale évoluera vers une vision plus synthétique de différentes branches : psychologie, biologie et physique. Elle trouvera un lien d'ensemble, une relation entre ces domaines d'expérience. Dans le passé, le progrès scientifique et le progrès spirituel ou mental ont été considérés comme distincts, comme deux voies différentes menant dans des directions opposées. Maintenant, ce point de vue commence à changer.

&

Newport Beach, Californie, 8 octobre 1989.

« Les interventions faites par les représentants des sciences cognitives furent marquées par l'extrême attention qu'y porta Sa Sainteté et par l'acuité de son intuition scientifique. Parfois, il anticipait le cours de la logique ou de l'expérimentation. »
Professeur Newcomb Greenleaf

&

Pour ceux qui ont observé le dalaï-lama au cours des ans, sa participation active à des réunions en compagnie de neuroscientifiques n'a pas été une surprise. Le lauréat du prix Nobel 1989 a depuis longtemps montré son intérêt pour les choses scientifiques, et particulièrement pour l'interface entre la science et le bouddhisme. Il a participé à un séminaire sur « L'esprit et la vie » à Newport Beach, en Californie, avec des psychiatres de l'Université de médecine d'Harvard et d'éminents neuro-scientifiques, dont Lewis L. Judd, directeur de l'Institut national de santé mentale. Les sujets abordés sont allés de l'amnésie et de la mémoire jusqu'au rêve lucide. Bien que les interventions aient été faites par des Occidentaux, les scientifiques ont déclaré clairement que la réunion était une occasion d'apprendre auprès des Tibétains. « Nous avons là un système ancien avec une vision extrêmement raffinée de l'esprit, qui peut avoir des choses à nous dire », remarqua Larry R. Squire de l'Université de Californie (San Diego).

Un séminaire sur « L'esprit et la vie » s'était précédemment tenu à Dharamsala, le siège himalayen du gouvernement tibétain en exil. Un groupe de scientifiques avait passé là-bas une semaine intensive en compagnie du chef tibétain, discutant de sujets touchant aux sciences cognitives, depuis l'intelligence artificielle jusqu'à la biochimie moléculaire.

Le fait que le dalaï-lama a reçu le prix Nobel de la Paix est une reconnaissance de ses capacités à servir de pont entre différentes factions. Dans ces séminaires avec des neuroscientifiques, ce grand leader mondial a montré son talent à relier, voire synthétiser, des points de vue variés.

Méditation

Voulez-vous participer à une expérience de méditation ? Tout d'abord, voyons la posture : installez vos jambes confortablement ; redressez votre colonne vertébrale afin qu'elle soit aussi droite qu'une flèche. Placez vos mains dans la position de l'équilibre méditatif, une largeur de main au-dessous du nombril, la main droite sur la main gauche ; les pouces se touchent et forment un triangle. Cette manière de poser les mains établit la connexion avec le lieu dans le corps où se génère la chaleur interne. Penchez légèrement le menton, relâchez la bouche, le bout de la langue en contact avec le palais derrière les dents supérieures. Laissez les yeux regarder vers le bas de façon détendue – il n'est pas nécessaire de les diriger vers la pointe du nez ; vous pouvez les diriger vers le sol devant vous si cela vous semble plus naturel. N'ouvrez pas les yeux trop grands, ne vous forcez pas non plus à les fermer. Par moments, ils se fermeront d'eux-mêmes ; ce n'est pas un problème. Quand la conscience mentale se stabilise sur son objet, même si les yeux sont ouverts, les apparences qui se présentent à la conscience visuelle ne vous perturbent plus. Certains d'entre vous portent des lunettes. Avez-vous remarqué que, lorsque vous enlevez vos lunettes, en raison du flou, il y a un moindre danger d'agitation et un plus grand danger de relâchement ? Trouvez-vous une différence entre le fait d'être face au mur ou de ne pas l'être ? Quand vous faites face au mur, vous pouvez trouver qu'il y a moins de risque d'agitation ou de dispersion. Vous pouvez juger de ce genre de choses par votre propre expérience.

Dans le cadre des méditations utilisant un objet d'observation, il peut y avoir deux types d'objets : extérieur ou intérieur. Maintenant, plutôt que de méditer sur l'esprit lui-même, méditons sur un objet d'observation extérieur, par exemple une représentation du Bouddha pour ceux qui aiment regarder le Bouddha ou une croix pour ceux qui aiment la croix ou n'importe quel symbole qui vous convient. Imaginez que l'objet se trouve à environ un mètre devant vous, au même niveau que vos sourcils. L'objet devrait mesurer à peu près cinq centimètres et diffuser de la lumière.

Essayez de le concevoir comme pesant, ce qui empêchera l'agitation. Sa luminosité écartera le relâchement. Lorsque vous vous concentrez, vous devez retenir deux facteurs : premièrement, rendre l'objet d'observation clair ; deuxièmement, le rendre stable.

Est-ce que quelque chose est apparu dans votre esprit ? Est-ce que les objets perceptibles par les sens, devant vos yeux, vous gênent ? Si c'est le cas, vous pouvez fermer les yeux ; mais, les yeux fermés, voyez-vous une forme rougeâtre ? Si, les yeux fermés, vous voyez du rouge ou si vous êtes gêné par ce que vous voyez les yeux ouverts, c'est que vous êtes trop pris par la conscience visuelle. Vous devez donc essayer de soustraire votre attention à la conscience visuelle et de la focaliser sur la conscience mentale.

Ce qui interfère avec la stabilité de l'objet d'observation et le fait fluctuer est l'agitation ou, d'une manière plus générale, la dispersion. Pour l'arrêter, retirez plus fortement votre esprit à l'intérieur, de sorte que l'intensité du mode d'appréhension commence à diminuer. Cela aide de penser à quelque chose qui calme ou rend un peu triste. Ces pensées permettent d'abaisser le mode d'appréhension élevé de l'objet (signe d'un esprit trop tendu), de se détendre, de se focaliser sur l'objet d'observation.

La stabilité ne suffit pas. Il faut également avoir la clarté. Ce qui empêche la clarté est le relâchement et ce qui provoque le relâchement est un excès de retrait de l'esprit, une trop grande baisse d'attention. En premier lieu, l'esprit se relâche ; cela peut conduire à un état de léthargie dans lequel, perdant l'objet d'observation, vous tombez pour ainsi dire dans l'obscurité. Cela peut même provoquer le sommeil. Lorsque cela se produit, il est nécessaire de rehausser le mode d'appréhension. Une technique à cet effet est de penser à quelque chose que vous aimez, quelque chose qui vous rend joyeux, ou encore de vous rendre dans un endroit élevé où la vue est vaste. Cette technique permet à l'esprit apathique d'augmenter son mode d'appréhension.

Il est nécessaire de reconnaître par votre propre expérience quand le mode d'appréhension se fait trop agité ou trop relâché et de déterminer quelle est la meilleure pratique pour le diminuer ou l'augmenter.

L'objet d'observation que vous imaginez doit être maintenu avec attention. Puis, dans le même temps, examinez, comme si vous vous teniez dans un coin, si l'objet est clair et stable ; la faculté engagée dans cette inspection est appelée « vigilance ». Lorsqu'une attention puissante et stable est établie, la vigilance est engendrée. La fonction spécifique de la vigilance est de vérifier de temps à autre si l'esprit est tombé sous l'influence du relâchement ou de l'agitation. Lorsque vous développez une bonne attention et une bonne vigilance, vous pouvez saisir le relâchement et l'agitation juste avant qu'ils se produisent et les empêcher de s'installer.

Telle est, en résumé, la méthode pour maintenir la méditation sur un objet d'observation.

Un autre type de méditation consiste à regarder l'esprit lui-même. Essayez de laisser votre esprit alerte dans un état naturel, sans penser à ce qui est arrivé dans le passé ni à vos projets pour l'avenir, sans engendrer aucun concept. Où votre conscience semble-t-elle se trouver ? Est-elle associée aux yeux, ou bien où se trouve-t-elle ? Très vraisemblablement, vous avez l'impression qu'elle est associée aux yeux car nous tirons la plus grande partie de notre perception du monde par le biais de la vision. Cela tient au fait que nous nous en remettons trop aux consciences des sens. Nous pouvons cependant constater l'existence d'une conscience mentale séparée. Par exemple, lorsque l'attention est détournée par un son, ce qui apparaît à la conscience visuelle n'est plus perçu. Cela indique qu'il existe une conscience mentale séparée qui porte une attention plus grande au son entendu par la conscience auditive qu'aux perceptions de la conscience visuelle.

Par une pratique persévérante, la conscience peut finalement être ressentie comme une entité qui est pure luminosité et pure connaissance, à laquelle tout peut apparaître et qui, lorsque les conditions appropriées se présentent, peut prendre la forme de n'importe quel objet. Tant que l'esprit ne rencontrera pas les circonstances extérieures de la conceptualité, il demeurera vide, sans que rien n'apparaisse en lui, comme une eau claire. Son essence même est celle de la pure expérience. Laissez l'esprit couler de lui-même, sans qu'il soit recouvert par les concepts. Abandonnez l'esprit à son état naturel et observez-le. Au début, tant que vous n'êtes pas habitué à cette pratique, elle est assez difficile ; mais, *avec le temps*, *l'*esprit apparaîtra comme une eau claire. Puis demeurez dans cet esprit non fabriqué sans permettre aux concepts de se produire. Quand vous aurez réalisé cette nature de l'esprit, vous aurez localisé l'objet d'observation de ce type intérieur de méditation.

Le meilleur moment pour pratiquer cette forme de méditation est le matin, dans un endroit tranquille, quand l'esprit est très clair et très vif. C'est une aide de n'avoir pas trop mangé la veille au soir et de n'avoir pas trop dormi : cela rend l'esprit plus léger et plus aigu le matin suivant. L'esprit se stabilisera graduellement ; l'attention et la mémoire deviendront plus claires.

Voyez si cette pratique rend votre esprit plus vif durant la journée. Elle devrait, à court terme, apaiser vos pensées. Tandis que votre mémoire s'améliore, vous pouvez développer progressivement une perception et une compréhension spéciales, dues à l'accroissement de l'attention. Un bienfait de la méditation, à long terme, est la capacité d'utiliser votre esprit dans tous les domaines, car celui-ci s'est aiguisé et vivifié.

Si vous avez la possibilité de faire un peu de méditation chaque jour, recueillant votre esprit dispersé sur un objet intérieur, ce sera très utile. La conceptualité se mettra au repos. C'est avoir de petites vacances que de s'établir un peu dans la non-conceptualité et de demeurer au repos.

Il existe encore une autre méthode de méditation qui permet de discerner la nature ultime des phénomènes. Ce type de méditation implique une procédure analytique. Les phénomènes se classent généralement en deux catégories : les agrégats physiques et mentaux – c'est-à-dire les phénomènes utilisés par le «moi» – et le «moi» qui les utilise. Pour déterminer la nature de ce «moi», prenons un exemple. Quand nous disons : «Jean vient», il y a une certaine personne désignée par le nom «Jean». Est-ce son corps que désigne ce nom ? Non. Est-ce son esprit qui est désigné ? Si c'était l'esprit qui était ainsi désigné, nous ne pourrions pas parler de «l'esprit de Jean». L'esprit et le corps sont des choses utilisées par la personne. Il semble presque qu'il y ait un «moi» distinct du corps et de l'esprit. Lorsque, par exemple, nous pensons : «Oh, que mon corps est moche !» ou bien «Oh, que mon esprit est moche !», dans notre mode d'apparence inné, l'esprit lui-même n'est pas le «moi», n'est-ce pas ? Maintenant, quel est donc ce Jean qui n'est ni son esprit ni son corps ? Vous devez aussi appliquer ceci à vous-même, à votre propre sens du «moi» : où est ce «moi», en termes d'esprit et de corps ?

Lorsque mon corps est malade, bien que mon corps ne soit pas « moi », étant donné que le corps est malade, on peut considérer que je suis malade. En fait, pour le bien-être et pour le plaisir du « moi », il devient parfois nécessaire d'amputer des parties du corps. Bien que le corps ne soit pas le « moi », il existe une relation entre les deux : la douleur du corps peut servir de douleur du « moi ». De la même manière, quand la conscience visuelle voit quelque chose, il semble à l'esprit que le « moi » perçoit l'objet.

Quelle est la nature du « moi » ? Comment se présente-t-il à vous ? Lorsque vous ne fabriquez ni ne créez aucun concept artificiel, vous semble-t-il que votre « moi » possède une identité séparée de votre esprit et de votre corps ? Si vous le cherchez, pouvez-vous le trouver ? Par exemple, quelqu'un vous accuse : « Vous avez volé ceci » ou bien « Vous avez ruiné un tel ou un tel » et vous pensez : « Je n'ai pas fait cela. » À ce moment-là, comment le « moi » apparaît-il ? Apparaît-il comme solide ? Est-ce qu'une chose solide, stable et forte apparaît dans votre esprit quand vous dites ou pensez : « Je n'ai pas fait cela » ?

Ce « moi », apparemment solide, concret, indépendant, s'affirmant par son propre pouvoir, qui apparaît dans un tel moment, en réalité n'existe pas du tout; cette absence spécifique d'existence est ce qu'on appelle le «non-moi». Sans analyse et sans investigation, le «moi» tel qu'il semble se manifester dans les phrases «Moi je veux cela» ou «Je vais faire ceci» est tenu pour correct; mais l'absence d'existence d'un moi indépendant ou autonome constitue le non-moi de l'individu. Ce non-moi est ce qui est trouvé quand on procède à une analyse pour essayer de trouver le «moi».

Une telle absence d'existence inhérente du «moi» est une vérité ultime, une vérité finale. Le «moi» qui apparaît à une conscience non analytique et conventionnelle est le «moi» se produisant en dépendance et servant de base aux conventions que sont l'action, l'auteur de l'action, etc.; c'est une vérité conventionnelle. Par l'analyse du mode de subsistance ou du statut du «moi», il est clair que, bien qu'apparaissant comme existant de manière inhérente, il ne l'est pas, tout à fait comme une illusion.

C'est ainsi que la nature ultime du «moi» – la *vacuité* – est analysée. De même que telle est la nature du «moi», de même tous les autres phénomènes qui sont utilisés par le «moi» sont vides d'existence inhérente. Lorsqu'on les analyse, on ne peut pas du tout les trouver ; mais sans analyse ni examen, ils existent effectivement. Leur nature est la même que celle du « moi ».

L'existence conventionnelle du « moi » aussi bien que du plaisir et de la douleur rend nécessaire d'engendrer la compassion et l'altruisme ; étant donné, d'autre part, que la nature ultime de tous les phénomènes est cette vacuité d'existence inhérente, il est aussi nécessaire de cultiver la sagesse. Lorsque ces deux aspects – la compassion et la sagesse – sont pratiqués conjointement, la sagesse s'approfondit et le sens de la dualité diminue. Tandis que l'on prend conscience de la vacuité, les apparences duelles deviennent plus légères et l'esprit lui-même devient plus subtil. Puis, l'esprit devenant encore plus subtil, atteignant le niveau le plus subtil, il se transforme finalement en l'esprit le plus fondamental, l'esprit de claire lumière, fondamental et inné, qui réalise la vacuité et devient « d'une seule saveur » avec elle dans l'équilibre méditatif, sans aucune apparence duelle. Dans cette unique saveur de tout, tout peut apparaître. Cela est connu comme étant « tout dans l'unique saveur, l'unique saveur dans tout ».

Tels sont donc quelques types de méditation pratiqués dans la tradition tibétaine. Il existe bien sûr beaucoup d'autres techniques comme les mantras, etc. Peut-être pouvons-nous maintenant avoir une discussion.

&

QUESTION: *Pourquoi est-il préférable de méditer le matin ?*

DALAÏ-LAMA: Il y a deux raisons principales. Physiquement, au petit matin – une fois que vous êtes accoutumé –, tous les centres nerveux sont frais et cela est bénéfique. De plus, si vous avez bien dormi, vous êtes plus vif le matin ; nous pouvons le constater par notre propre expérience. Le soir, j'atteins un point où je ne peux plus penser correctement ; après avoir dormi, tôt le matin au réveil, ce à quoi, la veille, je ne pouvais réfléchir correctement, se présente automatiquement plus clairement. Cela montre que le pouvoir mental est plus aigu le matin.

Quel est le moyen le plus efficace pour vaincre une résistance à la méditation ?

Cinq défauts sont présentés comme faisant obstacle à la méditation. Le premier est la paresse ; le deuxième est l'oubli des instructions sur l'objet, c'est-à-dire l'oubli de l'objet ; le suivant regroupe l'agitation et le relâchement ; vient ensuite le fait de ne pas appliquer d'antidotes lorsque l'agitation et le relâchement surviennent ; le dernier est de continuer à appliquer les antidotes lorsque l'agitation et le relâchement ont cessé. C'est ce qu'on appelle les cinq défauts. Huit antidotes leur sont destinés. Le premier antidote à la paresse est la confiance intelligente en la valeur de la stabilité méditative, sans laquelle les niveaux supérieurs ne peuvent être atteints. Se fondant sur la constatation des qualités de la stabilité méditative naît dans un deuxième temps l'aspiration d'atteindre ces qualités. Cela provoque l'effort faisant finalement atteindre une souplesse qui rend le corps et l'esprit libres d'états défavorables et utilisables dans une perspective positive, de telle sorte que tout acte vertueux accompli devient puissant. Ces quatre points sont des antidotes au premier défaut, la paresse.

Il est bénéfique, au début, de ne pas pratiquer trop longtemps ; ne prolongez pas exagérément les sessions. La durée maximum est de quinze minutes. L'important n'est pas la longueur de la session, mais sa qualité. Si vous méditez trop longtemps, vous risquez de somnoler et votre méditation ne consistera qu'à vous habituer à cet état. Ce n'est pas seulement une perte de temps, mais aussi une mauvaise habitude dont il sera plus tard difficile de vous débarrasser. Commencez par des sessions nombreuses et courtes – jusqu'à huit ou seize par jour. À mesure que vous vous accoutumerez au déroulement de la méditation, les qualités se développeront et les sessions s'allongeront naturellement.

Un signe du progrès de votre stabilité méditative est que, même lorsque les sessions sont longues, vous avez l'impression qu'un bref laps de temps s'est écoulé. Si vous avez l'impression d'avoir passé un long moment en méditation alors que vous n'êtes resté qu'un court moment, c'est le signe que vous devriez raccourcir vos sessions. Cela peut être très important au début.

Pourriez-vous parler davantage de l'effort ? Une grande quantité d'effort n'est-elle pas nécessaire ?

L'effort est crucial au début pour engendrer une volonté forte. Nous avons tous la nature de Bouddha et possédons déjà en nous la substance grâce à laquelle, lorsque nous rencontrons les conditions appropriées, nous pouvons devenir un être pleinement éveillé possédant tous les attributs bénéfiques et dépourvu de tout défaut. La racine même de nos échecs dans notre vie est de penser : « Je suis vraiment inutile et incapable ! » Il est important d'avoir une grande force d'esprit et de penser : « Je peux le faire », sans mêler cela d'orgueil ni d'une autre émotion conflictuelle.

Un effort tempéré sur une longue période est important, quoi que vous essayiez de faire. On attire l'échec à soi en travaillant extrêmement fort au début, en s'efforçant d'en faire le plus possible, puis en laissant rapidement tout tomber. Un courant constant d'effort modéré est nécessaire. De la même manière, quand vous méditez, il vous faut être habile en faisant des sessions fréquentes et courtes. Il est plus important que la session soit de bonne qualité plutôt que longue.

Lorsque vous accomplissez un tel effort, vous avez la « substance » nécessaire pour développer la concentration. La concentration consiste à canaliser cet esprit qui est à l'heure actuelle distrait dans de très nombreuses directions. Un esprit dispersé n'a guère de puissance. Quand l'esprit est canalisé, quel que soit l'objet d'observation, il est très puissant.

Il n'existe pas de moyen extérieur pour canaliser l'esprit, pas d'opération chirurgicale ; on ne peut le faire qu'en se retirant en soi-même. Le retrait de l'esprit se produit aussi dans le sommeil profond, dans lequel le facteur vivacité s'obscurcit. Le retrait de l'esprit doit donc être accompagné par une très grande clarté et une très grande vivacité. En bref, l'esprit doit posséder une stabilité le faisant rester fermement sur son objet, une grande clarté posée sur l'objet, une application alerte, claire et perçante.

Quelle est la relation entre l'esprit et les émotions conflictuelles ?

L'essence même de l'esprit, sa nature en tant que simple luminosité et simple connaissance, n'est pas polluée par des impuretés ; celles-ci ne demeurent pas dans l'essence de l'esprit. Même quand nous produisons des émotions conflictuelles, l'essence de l'esprit reste pure luminosité et connaissance ; c'est pour cela qu'il est possible d'écarter les émotions conflictuelles. Si vous agitez l'eau d'un étang, vous voyez se former un nuage de boue ; cependant, la nature même de l'eau n'est pas sale. Quand vous la laissez au repos de nouveau, la boue retombe, laissant l'eau dans sa pureté.

Comment peut-on enlever les impuretés ? On ne peut s'en débarrasser ni par une action extérieure ni en les laissant telles quelles. On peut les ôter par le pouvoir des antidotes, les antidotes de la méditation. Pour le comprendre, prenons l'exemple de la colère. Toute colère est mue et polluée par une conceptualité impropre.

L'objet de notre colère et le sujet – nous-mêmes – semblent exister concrètement, comme s'ils étaient présents de par leur propre nature. Tous deux semblent énergiquement exister de leur propre droit. Mais, comme je le disais précédemment, les choses n'existent pas véritablement de cette façon concrète. Dans la mesure où nous serons capables de voir une absence d'existence en soi indépendante, dans cette même mesure diminueront notre chosification excessive et le soutien qu'elle apporte à la colère.

Le signe que nos perceptions superposent du bon ou du mauvais à ce qui se présente effectivement est que, sous l'emprise du désir ou de la colère, nous voyons un objet comme extrêmement bon ou extrêmement mauvais alors que par la suite, quand nous repensons à notre expérience, nous trouvons risible d'avoir conçu l'objet de cette manière et nous comprenons que notre perception n'était pas vraie. Ces états conflictuels ne reposent sur rien de réel. L'esprit qui recherche par l'analyse l'existence d'un objet en soi aboutit, grâce à un raisonnement correct, à la constatation de son manque de nature indépendante ; ce type de compréhension repose sur une fondation véritablement correcte. C'est comme une controverse en justice : l'une des deux perceptions correspond à la raison et à la vérité, l'autre non. Quand les preuves sont suffisantes, dans ce type de controverse, la vision vraie l'emporte finalement sur l'autre car elle supporte l'analyse.

Il est impossible pour l'esprit d'appréhender un objet simultanément de façons contradictoires. Lorsque vous vous habituez à comprendre l'absence de nature propre d'un objet donné, non seulement il est alors impossible d'engendrer un concept de nature inhérente, mais encore, dans la mesure où la réalisation devient forte et correcte, la conception de son contraire s'affaiblit en général.

Pour développer une telle sagesse, nous nous engageons dans la méditation, car notre esprit, tel qu'il est maintenant, n'est pas très puissant. Notre esprit est à l'heure actuelle dispersé ; ses énergies ont besoin d'être canalisées de la même manière que l'eau, dans une centrale hydroélectrique, est canalisée pour lui donner une grande puissance. C'est ce que nous accomplissons au niveau de l'esprit grâce à la méditation : nous le canalisons de manière qu'il devienne très puissant, si bien qu'il peut être utilisé au service de la sagesse. Puisque toutes les substances de l'Éveil existent en nous, nous ne devons pas chercher ailleurs l'état de Bouddha.

La vacuité signifie-t-elle aussi plénitude ?

Je crois que oui. Habituellement, j'explique que la vacuité est comme un zéro. Un zéro en lui-même n'est rien, mais sans le zéro vous ne pouvez pas compter. Par conséquent un zéro est quelque chose, tout en étant un zéro.

Pourriez-vous dire quelque chose sur la nature des mandalas ?

« Mandala », en général, signifie quelque chose qui extrait l'essence. Il y a plusieurs usages du mot mandala selon le contexte.

Un type de mandala consiste en l'offrande aux êtres supérieurs de la totalité du système cosmique, imaginé avec ses continents principaux et secondaires. Il existe aussi des mandalas peints, des mandalas de concentration, des mandalas faits de sables colorés, des mandalas de l'esprit d'Éveil (*bodhichitta*) relatif, des mandalas de l'esprit d'Éveil ultime, etc. Étant donné que l'on peut extraire une signification de chacun d'eux en les pratiquant, ils sont appelés mandalas.

Bien que l'on puisse appeler mandalas des représentations peintes ou construites, le sens principal est d'entrer soi-même dans le mandala et d'en extraire le sens, ce qui signifie en recevoir la bénédiction. C'est un lieu où l'on gagne la magnificence. Parce qu'on obtient une bénédiction et que, par conséquent, on développe des réalisations, on l'appelle l'extraction ou l'appropriation de quelque chose d'essentiel.

Comment choisit-on un enseignant dans les matières spirituelles, ou comment sait-on qu'un enseignant est digne de confiance ?

Vous devez le faire selon vos centres d'intérêt et vos dispositions ; mais vous devez examiner attentivement. Vous devez observer avant d'accepter un lama ou un maître pour voir si la personne est véritablement qualifiée ou non. Il est dit dans un texte que, de même qu'un poisson caché sous l'eau peut être deviné par le mouvement des rides à la surface de l'eau, de même les qualités intérieures d'un maître, avec le temps, peuvent être un tant soit peu perçues par son comportement.

Il nous faut observer les connaissances théoriques de la personne – sa capacité à exposer les différents sujets – et savoir si elle applique ces enseignements à sa conduite ou à son expérience.

Pour une vie saine

Dès le moment de notre naissance, nous dépendons des soins et de la bonté de nos parents; plus tard dans notre vie, quand nous sommes handicapés par la maladie et que nous devenons vieux, nous sommes de nouveau dépendants de la bonté d'autres personnes. Puisqu'au début et à la fin de notre vie nous sommes si dépendants de la bonté des autres, comment pourrions-nous, en son milieu, négliger d'être bons envers les autres?

&

L'amour et la bonté sont les fondements mêmes de la société. Si nous perdons ces sentiments, la société rencontrera de terribles difficultés; la survie de l'humanité sera en danger.

&

En même temps que le progrès matériel, nous avons besoin d'un progrès spirituel de sorte que la paix intérieure et l'harmonie sociale soient vécues. Sans paix intérieure, sans calme intérieur, il est difficile d'avoir une paix extérieure durable.

&

QUESTION: *Vous parlez souvent de la nécessité de la paix mentale. Que voulez-vous dire par là ? Cela dénote-t-il un état d'esprit particulier ?*

DALAÏ-LAMA: La paix mentale ? Si vous diminuez la colère et l'attachement, vous atteignez un point où votre esprit demeure toujours calme ou stable. C'est aussi simple que cela. Une forte colère et un fort attachement créent des tourbillons dans votre esprit. Les gens ne réalisent pas que, lorsqu'ils cèdent au désir ou développent de l'attachement, cela cause des troubles dans leur esprit. Quand se produit un puissant désir ou un puissant attachement, à ce moment même la paix *mentale est* perdue. Réduire l'attachement, plus encore la colère ou la haine, conduit au calme mental. C'est ce que nous appelons la paix mentale.

N'est-il pas aussi nécessaire de pratiquer la méditation pour obtenir la paix mentale ?

Mon expérience est qu'on l'obtient principalement par le raisonnement. La méditation n'est pas d'une grande aide. Le principal remède est de réaliser à quel point la colère est nocive, négative. Une fois que vous avez réalisé très clairement, de manière très convaincante, à quel point la colère est négative, cette seule prise de conscience a le pouvoir de la réduire. Vous devez voir que la colère apporte toujours le malheur et les ennuis.

Bien sûr, la colère se présente. La colère est comme un ami ou un parent que vous ne pouvez éviter, avec qui vous devez toujours rester en relation. Le connaissant bien, vous avez réalisé qu'il est difficile à vivre et que vous devez faire attention à lui. Chaque fois que vous le rencontrez – en demeurant en bons termes –, vous prenez des précautions. Il en résulte que l'influence de cette personne sur vous diminue progressivement. De la même manière, vous voyez la colère venir, mais vous comprenez : « Ah, elle ne m'apporte que des ennuis ; elle n'en vaut vraiment pas la peine. » La colère perdra de sa puissance. Avec le temps elle s'affaiblira de plus en plus.

&

QUESTION: *Observer l'esprit, n'est-ce pas aussi de la méditation ?*

DALAÏ-LAMA : Si vous méditez de cette manière durant une session, vous pouvez trouver la paix mentale, ou une certaine sorte de réalisation, mais ce peut être simplement une manière de vous détourner du vrai problème. Le problème est encore là. L'approche par le biais du raisonnement n'est pas une diversion. Vous rencontrez la colère, ou une autre négativité, et, parce que vous avez une préparation mentale, l'influence de la colère est réduite.

&

Quand vous passez par une période difficile, vous pouvez réagir par la déprime et perdre votre détermination ou votre espoir. Cela est bien évidemment très regrettable, très négatif. Une situation difficile peut au contraire vous ouvrir les yeux sur la situation réelle, sur la *vérité. Regardez l'histoire* de l'humanité. D'une certaine manière, elle est l'histoire des pensées des hommes. Les événements historiques, les guerres, les progrès, les tragédies... tout cela raconte les pensées négatives et positives des hommes. Tous les grands personnages, les libérateurs, les grands penseurs, tous ces grands hommes du passé sont le résultat d'une pensée positive. Les tragédies, les tyrannies, les guerres épouvantables, toutes ces choses négatives sont arrivées en raison de pensées humaines négatives. Dans l'esprit humain, les pensées positives et les pensées négatives sont toutes deux potentiellement présentes. Le seul effort qui vaille la peine, pour un être humain, est le développement des pensées positives, l'augmentation de leur pouvoir ou de leur force et la réduction du mode de pensée négatif. Si vous vous comportez ainsi, l'amour, le pardon, la bonté vous donneront plus d'espoir et de détermination. L'espoir et la détermination vous apporteront un avenir meilleur. Si vous laissez le champ libre à la colère, à la haine, vous êtes perdu. Or aucun être humain sensé ne veut se perdre. Cela n'est ni un enseignement spirituel ni une injonction morale. C'est un fait que peut vérifier l'expérience quotidienne. Afin de développer la détermination humaine, vous avez besoin d'espoir. Pour développer l'espoir, vous avez besoin de compassion, d'amour. L'amour et la compassion sont le fondement de l'espoir et de la détermination. C'est pourquoi tous les enseignements spirituels du monde insistent sur l'importance de l'amour et de la bonté.

Le bonheur humain, la satisfaction humaine ne peuvent venir que de soi-même. C'est une erreur d'attendre une satisfaction définitive de l'argent ou d'un ordinateur.

&

QUESTION : *Vous avez vu et expérimenté les problèmes que rencontrent les gens en Occident. Pensez-vous que la cause principale de ces problèmes soit le fait de négliger la vie intérieure ?*

DALAÏ-LAMA : Oui.

Est-ce que la solution viendra d'une prise de conscience intérieure plus grande ?

Oui, il n'y a aucun doute à ce sujet.

Quelle est la méthode principale pour nourrir cette conscience intérieure ?

La vigilance et le raisonnement sont plus efficaces dans ce domaine que la méditation et la prière.

&

Nous ne pourrons jamais obtenir la paix dans le monde si nous négligeons le monde intérieur et si nous ne faisons pas la paix avec nous-mêmes. La paix du monde doit se développer à partir de la paix intérieure. Sans paix intérieure, il est impossible d'établir la paix du monde, la paix extérieure. Les armes n'agissent pas toutes seules. Elles ne sont pas apparues de rien. L'homme les a faites. Une fois faites, ces armes, ces terribles armes, ne peuvent agir d'elles-mêmes. Tant qu'on les stocke quelque part, elles ne peuvent faire aucun mal. Un être humain doit les utiliser. Quelqu'un doit appuyer sur le bouton. Satan, la force du mal, ne peut appuyer sur le bouton. Des hommes doivent le faire.

&

Quand nous réfléchissons à la mort et à l'impermanence de la vie, notre esprit commence automatiquement à s'intéresser aux accomplissements spirituels, tout comme une personne ordinaire devient inquiète à la vue du cadavre d'un ami. La méditation sur l'impermanence et la mort est très utile, car elle coupe l'attirance qu'exercent sur nous les activités transitoires et futiles.

Essayez de développer la conviction profonde que la présente existence humaine est dotée d'un grand potentiel et la volonté de ne jamais perdre ne serait-ce qu'une minute de son usage. Ne rien retirer d'essentiel de cette précieuse existence humaine, mais simplement la gaspiller, c'est presque prendre un poison en étant conscient des conséquences. C'est une grave erreur d'être profondément triste de perdre de l'argent et de ne pas éprouver le moindre sentiment de regret en gâchant les précieux moments de notre vie.

&

Si vous êtes attentif à la mort, sa venue ne sera pas une surprise – vous ne serez pas inquiet. Vous aurez l'impression que la mort est très semblable au fait de changer de vêtements. C'est pourquoi, le moment venu, vous pourrez garder le calme de votre esprit.

&

Être conscient d'un seul défaut en soi-même est plus utile que d'être conscient de mille défauts chez un autre. Plutôt que de dire du mal des gens et de tenir des propos qui produiront des conflits et des difficultés dans leur vie, nous devons adopter une perception plus pure à leur égard ; quand nous parlons des autres, parlons de leurs qualités. Si vous vous surprenez en train de calomnier quelqu'un, remplissez votre bouche d'excréments. Cela vous en fera rapidement passer l'habitude.

&

Les émotions conflictuelles, telles que la haine, la colère et le désir, sont les véritables ennemis qui perturbent et détruisent notre bonheur mental et provoquent des troubles dans la société. Il faut, par conséquent, les abandonner complètement ; elles n'ont pas même le plus petit potentiel pour produire le bonheur.

Souvent, quand quelque chose de bon nous arrive, cela nous apparaît comme entièrement bon ; quand quelque chose nous semble indésirable, nous avons l'impression que c'est totalement indésirable par soi-même. En raison d'un tel mode d'apparence, nous appréhendons faussement l'objet et nous concevons faussement sa nature. Au moment où nous ressentons une très forte colère à l'encontre d'un objet, nous percevons la personne envers qui nous sommes extrêmement en colère comme totalement négative – du sommet de la tête à la plante des pieds. Quand la force de la colère diminue, la personne commence à nous apparaître un peu meilleure. Un même processus dans l'expérience se produit dans le cas du désir. Lorsqu'on est très fortement sous l'emprise des émotions négatives, on est presque au bord de la folie. Si nous perdons notre équilibre mental, nous ne serons pas capables de travailler à notre propre bien, sans parler de celui des autres.

&

Un ennemi peut vous apprendre la patience ; votre maître spirituel ne peut pas vous l'apprendre. Au cours de ces conférences, par exemple, vous ne pouvez pas apprendre la patience, sauf si vous vous ennuyez ! Vous ne pouvez faire l'apprentissage de certaines qualités spirituelles qu'en présence d'ennemis. C'est *pourquoi*, d'une certaine manière, les ennemis sont précieux, dans la mesure où ils nous aident à grandir.

Si j'étais resté à Lhassa et que l'invasion chinoise n'avait pas eu lieu, je pourrais être encore très isolé. Je serais probablement plus conservateur que je ne le suis. Je suis donc très reconnaissant aux Chinois de m'avoir donné cette occasion. L'ennemi est très important. L'ennemi vous enseigne la force intérieure. Votre esprit est par nature très doux, mais, quand vous avez des ennuis, votre esprit devient fort.

&

Si nous étions obligés de choisir entre l'application pratique et la connaissance théorique, l'application pratique pourrait être plus importante, car celui qui la possède tire un plein bénéfice de ce qu'il sait. La seule connaissance théorique chez quelqu'un dont l'esprit n'est pas discipliné peut produire et accroître des états de conscience regrettables, qui engendrent du désagrément pour soi-même et pour les autres au lieu de la paix de l'esprit recherchée. On peut devenir jaloux de ceux qui sont plus élevés que soi, concurrent des égaux, fier et méprisant vis-à-vis des inférieurs, etc. C'est comme si un remède s'était changé en poison. Parce que le danger est grand, il est très important de disposer d'un alliage de connaissance théorique, d'application pratique et de bonté, sans laisser la connaissance théorique détruire l'application pratique ni laisser l'application pratique détruire la connaissance théorique.

&

Chaque fois que je me rends dans un endroit nouveau, je pense : « Pays nouveau, personnes nouvelles » ; mais finalement, lorsque j'approfondis les choses, tous les hommes sont identiques. J'en éprouve un grand bonheur.

&

Je préfère l'absence de formalité. Année après année, cette conviction grandit en moi.

&

L'une des choses les plus importantes est la compassion. Nous ne pouvons l'acheter dans *un des grands* magasins de New York. Vous ne pouvez la produire avec une machine. Mais, par le développement intérieur, oui.

&

Comment créons-nous la paix et le bonheur ? Avec des armes ? Évidemment non. Avec de l'argent ? Dans certains cas, peut-être. Avec l'amour, en partageant les souffrances des autres, oui. Une bonne motivation est une fondation solide pour la paix.

&

QUESTION : *Quelle est la manière la plus efficace de traiter des peurs profondes ?*

DALAÏ-LAMA : Il existe un assez grand nombre de méthodes. La première est de réfléchir aux actes et à leurs conséquences. Habituellement, lorsqu'il nous arrive quelque chose de désagréable, nous disons : « Oh, quelle malchance ! » et quand il nous arrive quelque chose d'agréable, nous disons : « Oh, quelle chance ! » En réalité, ces deux mots, « chance » et « malchance », sont insuffisants. Il doit y avoir une raison. À cause d'une certaine raison, un certain moment s'est révélé chanceux ou malchanceux ; mais, ordinairement, nous n'allons pas au-delà de la chance et de la malchance. La raison, selon les explications bouddhistes, c'est notre karma passé, nos actes.

Une manière de traiter les peurs profondes est de penser que la peur est un résultat de nos propres actions passées. De plus, si vous avez peur d'une certaine douleur ou d'une certaine souffrance, il vous faut examiner si vous pouvez y faire quelque chose. Si vous le pouvez, c'est inutile de vous inquiéter ; si vous ne pouvez rien faire, alors, il n'y a pas lieu non plus de s'inquiéter.

Une autre technique est de rechercher qui est pris par la peur. Examiner la nature de votre « moi ». Où est ce « moi » ? Qui est ce « moi » ? Quelle est la nature du « moi » ? Y a-t-il un « moi » en dehors de mon corps et de ma conscience ? Cela peut être une aide.

Par ailleurs, quelqu'un qui est engagé dans la pratique des bodhisattvas cherche à prendre les souffrances des autres sur lui-même. Lorsque vous éprouvez de la peur, vous pouvez penser : « D'autres ressentent une peur semblable à celle-ci ; puissé-je prendre sur moi toutes leurs peurs. » Même si vous vous ouvrez à *une plus* grande souffrance, même si vous prenez une plus grande souffrance sur vous, votre peur diminuera.

Un autre moyen est encore de ne pas laisser votre esprit demeurer sur la pensée provoquant la peur, mais de le placer sur quelque chose d'autre et de laisser la peur se perdre. Ce n'est qu'un moyen provisoire. Si vous avez un sentiment de peur dû à l'insécurité, vous pouvez imaginer que votre tête repose sur les genoux du Bouddha. Cela peut parfois aider psychologiquement. Une autre méthode est de réciter des mantras.

&

QUESTION : *Parlez-nous, s'il vous plaît, de l'amour et du mariage.*

DALAÏ-LAMA : Je n'ai pas grand-chose à en dire. Ma simple opinion est : d'accord pour les relations sexuelles, mais, pour le mariage, ne vous pressez pas, soyez prudents. Soyez sûrs que vous resterez mariés pour toujours, au moins pour toute cette vie. C'est important ; car si vous vous mariez hâtivement sans bien comprendre ce que vous faites, un mois ou un an plus tard, les difficultés commenceront et vous voudrez divorcer. D'un point de vue légal, le divorce est possible et, sans enfants, il peut être acceptable ; mais avec des enfants, il ne l'est pas. Il n'est pas suffisant qu'un couple pense à ses propres sentiments amoureux et à son seul plaisir. Vous avez la responsabilité morale de penser à vos enfants. Si les parents divorcent, l'enfant va souffrir, non pas simplement de manière passagère, mais pour toute sa vie. Le modèle auquel se réfère une personne se trouve dans ses propres parents. Si les parents se disputent continuellement et finissent par divorcer, je pense qu'inconsciemment, très profondément, l'enfant reçoit une influence et une empreinte douloureuses. C'est une tragédie. C'est pourquoi mon avis est que, pour un mariage réel, rien ne presse ; procédez prudemment et ne vous mariez qu'après une bonne compréhension. Alors vous aurez un heureux mariage. Le bonheur à la maison conduira au bonheur dans le monde.

11

Protection de l'environnement
Une approche éthique

La paix et le maintien de la vie sur la Terre, comme nous le savons, sont menacés par les activités des hommes qui négligent les valeurs humanitaires. La destruction de la nature et des ressources naturelles résulte de l'ignorance, de l'avidité et d'un manque de respect pour les matières vivantes de la Terre.

Ce manque de respect s'étend aux hommes à venir sur la Terre, aux futures générations qui hériteront d'une planète largement dégradée si la paix mondiale ne devient pas une réalité et si la destruction de l'environnement naturel se poursuit à la vitesse actuelle.

Nos ancêtres considéraient la Terre comme riche et généreuse, ce qu'elle est. Beaucoup de gens dans le passé pensèrent que la nature possédait des ressources inépuisables, ce qui n'est vrai que si nous prenons soin d'elle.

Il n'est pas difficile de pardonner les destructions dans le passé car elles résultaient de l'ignorance. Aujourd'hui, cependant, nous avons à notre disposition davantage d'informations ; il est essentiel que nous procédions à un nouvel examen éthique de ce dont nous avons hérité, de ce dont nous sommes responsables et que nous transmettrons aux générations à venir.

De nombreux hôtes de la Terre, des animaux, des plantes, des insectes et même des micro-organismes dont nous savons maintenant qu'ils sont rares peuvent devenir complètement inconnus pour les futures générations. Nous avons la capacité d'agir et la responsabilité de le faire ; nous devons le faire avant qu'il soit trop tard.

Tout comme nous devons entretenir des relations douces et paisibles avec nos frères humains, nous devons étendre cette attitude à l'environnement naturel. Moralement parlant, nous devons nous sentir concernés par la totalité de l'environnement.

Ce n'est cependant pas seulement une question de morale ou d'éthique, mais une question de survie. Si nous exploitons l'environnement de manière extrême, nous pouvons en retirer un certain profit aujourd'hui, mais, à long terme, nous en souffrirons ainsi que les futures générations. Quand l'environnement change, les conditions climatiques changent également. Quand le climat subit des altérations importantes, l'économie et beaucoup d'autres choses sont bouleversées. Notre santé physique en sera grandement affectée. Encore une fois, la préservation de l'environnement n'est pas une simple question d'éthique, mais une question, pour nous, de survie.

Afin d'obtenir une protection et une préservation de l'environnement plus efficaces, l'équilibre intérieur de l'être humain est essentiel. Négliger l'environnement, ce qui a engendré de grands maux pour la communauté humaine, résulte de notre ignorance de son importance très spéciale. Nous devons aider les gens à comprendre la nécessité de la protection de l'environnement. Nous devons enseigner que la préservation participe directement à notre survie.

Si vous devez être égoïste, alors soyez intelligent et non pas borné dans votre égoïsme. Le point clé est le sens de la responsabilité universelle. C'est la véritable source de la force, la véritable source du bonheur. Si nous exploitons tout ce qui est à notre disposition, les arbres, l'eau, les minéraux, et si nous ne prévoyons rien pour la prochaine génération, pour l'avenir, alors nous serons fautifs, n'est-ce pas? Cependant, si nous avons un sens authentique de la responsabilité universelle, si nous en faisons notre motivation centrale, alors nos relations avec l'environnement, et avec tout notre entourage, seront équilibrées.

Finalement, la décision de sauver l'environnement doit venir du cœur des hommes. La pierre angulaire est un appel à un véritable sens de la responsabilité universelle fondé sur l'amour, la compassion et une conscience claire.

12

Plus loin avec le dalaï-lama

Extraits d'un entretien avec Catherine Ingram, 2 novembre 1988, Dharamsala, Inde

L'entrevue était terminée. Sa Sainteté le dalaï-lama envoya son secrétaire, Tenzin Guéché, chercher une pièce d'argent pour m'en faire cadeau. Comme nous attendions seuls dans le salon de réception de sa résidence privée, Sa Sainteté se tenait debout, légèrement voûtée, les mains croisées dans le dos. J'étais debout près d'une fenêtre ouverte qu'encadrait à l'extérieur une bougainvillée en fleurs, d'un rose éclatant sous le soleil de fin d'après-midi. Soudain, Sa Sainteté me dit : « Je crois que cette vie en tant que dalaï-lama est la plus difficile de toutes celles qu'ont connues tous les dalaï-lamas. » Comme je laissais le pouvoir de cette affirmation me pénétrer, éprouvant son caractère poignant, tout aussi soudainement, il me regarda, là, devant la lumière de la fenêtre, puis éclata de rire en disant: «La vie est si colorée!»

&

CATHERINE INGRAM: *Votre Sainteté, qu'est-ce qui vous a le plus influencé dans l'œuvre de Gandhi?*

DALAÏ-LAMA: Beaucoup de maîtres de l'Inde ancienne ont prêché la non-violence comme philosophie. Ils en avaient une compréhension plutôt spirituelle. Mais le Mahatma Gandhi, au XXe siècle, en a développé une approche très élaborée, car il a appliqué cette très noble philosophie de la non-violence à la politique moderne, et il l'a fait avec succès. C'est une très grande chose.

Il a représenté un bond en avant dans la conscience politique, passant par la vérité de l'expérience.

J'ai été très heureuse de voir que votre plan de paix en cinq points [p. 217] comportait une composante écologique marquée. Même si nous arrivons à ne pas nous faire exploser avec les armes nucléaires, ou même si les grands pays ne gomment pas simplement les petits, la planète subit une destruction écologique constante. Pensez-vous que la planète y survivra ?

C'est difficile à dire. Je ne sais pas. Voyez-vous, il est clair que la planète est notre maison ; sans elle, nous ne pouvons pas survivre. C'est tout à fait certain. Au bout du compte, nous sommes les enfants de notre mère la Terre ; au bout du compte, nous sommes aussi à la merci de notre mère la planète concernant l'environnement et l'écologie. Ce n'est pas quelque chose de sacré ni de moral. C'est notre survie qui est en question. Je pense – du moins j'espère – qu'il n'est pas trop tard, si nous réalisons l'importance de l'environnement naturel. Dans certains cas, il peut nous être demandé de sacrifier certains conforts pour une satisfaction raisonnable et, par conséquent, de traiter l'environnement plus respectueusement. Je pense qu'il peut ne pas être trop tard, mais je ne sais pas. Certains scientifiques aujourd'hui disent que c'est très grave.

Vous avez subi bien des pertes dans cette vie. Vous avez perdu de nombreuses personnes qui vous étaient proches et vous devez assumer la perte de votre pays. Y a-t-il une place pour le chagrin dans votre vie ? Pouvez-vous dire quelque chose pour ceux qui rencontrent le chagrin — que nous devons tous affronter, tôt ou tard ?

Il y a deux manières de perdre quelqu'un. L'une est le cours naturel des choses. Je suis réfugié depuis des décennies. J'ai perdu ma mère, des maîtres, un frère. C'est naturel. À moins que les vieux amis ne disparaissent, il n'est pas possible d'accueillir un nouvel ami (*rire*). En tant que pratiquant bouddhiste, on accepte ce genre de perte comme faisant partie de la nature. Rien de spécial. Rien d'extraordinaire. Il n'y a donc pas beaucoup de peine. Bien sûr, pendant quelques jours, il y a un fort sentiment que quelqu'un manque. Mais pas beaucoup de conséquences.

Il y a une autre catégorie de perte, due à la tragédie, due au désastre. Nous avons perdu notre pays, nous avons perdu beaucoup d'amis spirituels, dignes de confiance et bons, tellement d'amis, perdus soudainement, dans un drame échappant à notre contrôle. La tragédie est venue sous la forme d'un processus et nous nous y sommes habitués. Bien avant que les événements se produisent effectivement, nous étions pleinement convaincus que, tôt ou tard, ce genre de choses arriverait, certainement.

Vous attendiez donc le pire.

Oui, mais bien sûr, quelquefois nous sommes tristes. Il y a davantage de tristesse quand j'entends dire que de nombreux Tibétains, malgré la misère et la terreur, nous témoignent tant de confiance, attendent tellement de nous. Cela nous donne une lourde responsabilité. Cela me rend parfois triste. Trop de confiance, trop d'attente à notre égard. Si peu de choses peuvent être faites ici ! Il y a beaucoup de limitations. Nous faisons de notre mieux et, autant que nous le pouvons, nous maintenons une motivation claire. Que nous réussissions ou non est une question différente.

Y a-t-il des personnes que vous considérez comme des égaux ? Y a-t-il des gens avec qui vous pouvez réellement vous détendre, simplement vous laisser aller ?

Oui, bien sûr. Je pense, en général, que tout le monde est mon égal. Mon attitude est que, si quelqu'un est ouvert et direct, très sincère, nous pouvons alors très facilement avoir un sentiment de proximité. Si quelqu'un est très réservé, très cérémonieux, alors c'est difficile.

Habituellement, voyez-vous, je suis par nature très décontracté. Je pense que c'est bénéfique.

Si vous n'étiez pas dans la position de chef temporel et spirituel du Tibet, pensez-vous qu'il y aurait un autre type d'activité sociale que vous voudriez entreprendre, ou pensez-vous que vous préféreriez être un moine vivant tranquillement dans un monastère ?

De nos jours, je crois, si je n'étais pas le dalaï-lama, je souhaiterais passer du temps dans un monastère ou dans un endroit retiré pour pratiquer la méditation profonde. Je pense que j'avais, à vingt, trente, quarante ans, un grand désir de pratique spirituelle. Ces idées sont venues à la suite du contact avec les enseignements du Bouddha, elles ont résulté d'une certaine connaissance du bouddhisme. Mais si j'étais resté comme fermier dans ma province natale, alors je ne sais pas. Dès que je suis né, mon père a décidé que j'entrerais au monastère, que je deviendrais moine. Cependant, si les circonstances avaient été différentes, j'aurais sans doute été technicien dans un domaine ou un autre, car je m'intéresse beaucoup aux choses mécaniques.

Vous avez parlé de retour au Tibet. Pensez-vous que vous pourrez y retourner en cette vie ?

Je le crois. Mais ce n'est pas un problème important. Le problème principal, sérieux, est la liberté. Comme nous en avons parlé, que ce soit en tant que dalaï-lama ou en tant que moine Tenzin Gyatso, je veux avoir la liberté d'apporter une contribution maximum, quelle qu'en soit la manière, aux Tibétains, ainsi qu'aux autres peuples. De ce point de vue, si je trouve davantage d'occasions hors du Tibet, je resterai à l'extérieur. Si les occasions sont égales, alors je rentrerai. Soit au Tibet, soit en Chine. La Chine est un très beau pays. Et, de toute façon, dans l'esprit chinois, le bouddhisme n'est pas quelque chose d'étranger, quelque chose de nouveau. Traditionnellement, de nombreux Chinois sont bouddhistes. Il y a des sanctuaires bouddhistes, des temples bouddhistes anciens, pas comme dans les pays occidentaux où il n'y a que des temples bouddhistes nouveaux, où le bouddhisme est entièrement nouveau. Dans l'esprit chinois, ce n'est pas ainsi. Aussi, voyez-vous, je suis tout à fait sûr que, si le peuple chinois avait une libre possibilité d'avoir un contact avec le bouddhisme, d'apprendre et de pratiquer le bouddhisme, beaucoup de jeunes Chinois seraient attirés et en retireraient un bienfait. Si une telle possibilité se présente, bien sûr, je voudrais y contribuer. Les Chinois sont également des êtres humains.

Mon réel souci est de savoir si quelque chose pourrait mal se passer si je reviens là-bas. Inutile de retourner au Tibet ou en Chine si cela cause du dommage ou si cela ne donne pas l'occasion d'aider.

Pensez-vous qu'il y aura un autre dalaï-lama incarné ?

Pour le moment, c'est difficile à dire. Les prochaines années le détermineront. Je pense que les Tibétains veulent encore avoir un dalaï-lama. En fait, ce n'est pas mon souci ; mais, si le peuple tibétain veut avoir un autre dalaï-lama, alors le dalaï-lama viendra. Si les circonstances changent et si la majorité du peuple tibétain ne souhaite pas vraiment avoir un dalaï-lama, alors je serai le dernier dalaï-lama. Ce n'est pas de mon ressort. Quand je serai mort, ils décideront.

J'espère que vous aurez une longue vie.

Selon mes rêves, elle durerait au maximum 110 ou 113 ans. Mais je ne pourrais pas vivre aussi longtemps. Aussi, je vivrai jusqu'à 90 ans, entre 80 et 90. Je deviendrais ensuite inutile, un vieux dalaï-lama sans grande valeur.

Discours
du prix Nobel

Oslo, Norvège, 10 décembre 1989

Mes frères, mes sœurs,

C'est à la fois un honneur et un plaisir que de me trouver parmi vous aujourd'hui. Je suis très heureux de voir dans cette assemblée tant d'amis de vieille date venus de tous les coins du monde ; et je vais me faire ici de nouveaux amis que j'espère avoir l'occasion de retrouver par la suite.

Lorsque je rencontre des gens venant de différentes parties du monde, je constate immanquablement que nous sommes, au fond, tous semblables : nous sommes tous des êtres humains. Nous pouvons être vêtus différemment, avoir une couleur de peau différente, parler des langues différentes. Voilà pour les apparences. Mais fondamentalement, nous sommes tous les mêmes êtres humains. C'est cela qui nous lie les uns aux autres, qui nous permet de nous comprendre, de devenir des amis, de nous sentir proches les uns des autres.

M'interrogeant sur ce que je pourrais vous dire aujourd'hui, j'ai choisi de vous faire part de certaines de mes réflexions au sujet des problèmes qui se posent à nous tous en tant que membres de la famille humaine. Du fait que nous partageons cette petite planète qu'est la Terre, nous devons apprendre à vivre en paix et en harmonie les uns avec les autres et avec la nature. Ce n'est pas seulement un rêve, c'est une nécessité. Nous dépendons les uns des autres à tant de titres que nous ne pouvons plus vivre en communautés isolées et ignorer ce qui se passe hors de chez nous. Nous devons nous entraider en cas de difficultés, et nous devons partager les avantages qui nous échoient. C'est un être humain ordinaire qui s'adresse à vous, un simple moine. Si vous trouvez quelque utilité à ce que je vais dire, alors j'espère que vous essayerez de le mettre en pratique.

Je souhaite également vous faire part des sentiments qui sont les miens face au sort tragique du peuple du Tibet. Le prix Nobel est une distinction que les Tibétains ont certainement méritée par leur courage et leur détermination jamais démentie durant ces décennies d'occupation étrangère. En tant que porte-parole libre de mes compatriotes captifs, j'estime que c'est un devoir de parler en leur nom. Ce n'est ni la colère ni la haine de ceux qui sont responsables des souffrances immenses imposées à notre peuple, de la destruction de notre pays, de l'anéantissement de notre culture, qui me poussent à parler. Ceux-là aussi sont des êtres humains qui luttent pour trouver le bonheur, et ils ont droit à notre compassion. Mais je veux vous mettre au courant de la situation dramatique qui caractérise aujourd'hui mon pays et de l'espoir qui anime mon peuple car, dans notre lutte pour la liberté, la vérité est la seule arme dont nous disposons.

Comprendre que nous sommes tous essentiellement les mêmes êtres humains, qui cherchons le bonheur et essayons d'éviter la souffrance, fait naître en nous le sens de la fraternité, un sentiment chaleureux d'amour et de compassion pour autrui. Cette prise de conscience est indispensable pour survivre dans un monde qui ne cesse de se rétrécir. En effet, si nous ne recherchons égoïstement que ce que nous pensons favoriser notre seul intérêt, en faisant fi des besoins d'autrui, nous risquons non seulement de porter atteinte aux autres, mais également à nous-mêmes. Voilà qui est devenu évident au cours du XXe siècle. Nous savons qu'une guerre atomique, de nos jours, serait une forme de suicide ou que polluer l'air et les océans en ne pensant qu'aux avantages immédiats revient à détruire ce qui est essentiel à notre survie. Alors qu'individus et nations deviennent de plus en plus interdépendants, nous n'avons d'autre recours que de développer ce que j'appelle un sens de la responsabilité universelle.

Nous formons aujourd'hui une grande famille. Ce qui se produit à tel endroit de la planète nous atteint tous. Et, bien entendu, pas uniquement quand il s'agit d'événements heureux. Non seulement nous sommes au courant de ce qui se passe ailleurs, grâce aux extraordinaires moyens de communication modernes, mais, de plus, nous sommes directement atteints par des événements qui se produisent au loin. Nous éprouvons de la tristesse quand des enfants meurent de faim en Afrique. De même, nous ressentons de la joie quand une famille se trouve réunie après avoir été séparée pendant des dizaines d'années par le Mur de Berlin. Nos récoltes et notre bétail sont contaminés, notre santé et notre existence menacées, lorsqu'un accident survient dans une centrale nucléaire située très loin dans un autre pays. Notre sécurité est renforcée quand la paix est rétablie entre deux pays en guerre sur un autre continent.

Pourtant, guerre et paix, destruction ou protection de la nature, violation ou défense des droits de l'homme et des libertés démocratiques, misère ou bien-être matériel, existence ou non de valeurs morales et spirituelles, compréhension ou non à l'égard d'autrui ne constituent pas des phénomènes isolés que l'on peut analyser et aborder séparément les uns des autres. Ils sont en fait interdépendants, à tous les niveaux, et doivent être compris dans cette optique complémentaire.

La paix, au sens d'absence de guerre, ne signifie pas grand-chose pour quelqu'un qui est en train de mourir de faim ou de froid. Elle ne soulagera en rien les souffrances d'un prisonnier politique soumis à la torture. Elle n'apportera aucun réconfort à ceux qui ont perdu des êtres chers dans les inondations causées par un déboisement incontrôlé pratiqué dans un pays voisin. La paix ne peut s'installer de façon durable que là où les droits de l'homme sont respectés, où les gens ont de quoi manger, où les individus et les nations sont libres. Or la véritable paix avec soi-même et avec le monde n'est réalisable que par la paix de l'esprit. De même que les phénomènes dont je viens de parler sont interdépendants – ainsi, par exemple, un environnement de bonne qualité, la richesse et la démocratie sont peu de chose au regard de la menace de guerre, notamment de la guerre nucléaire –, de même le développement matériel ne suffit pas à assumer le bonheur de l'homme.

Certes, le progrès matériel est important pour l'avancement de l'humanité. Au Tibet, nous n'avons porté que trop peu d'attention au développement technologique et économique, et nous comprenons aujourd'hui que ce fut une erreur. Pourtant, le progrès matériel sans progrès spirituel peut aussi entraîner des problèmes graves. Dans certains pays, on accorde une trop grande place à des considérations extérieures aux dépens du développement intérieur. Tous deux me paraissent importants et doivent aller de pair, en assurant un équilibre judicieux entre l'un et l'autre. Les visiteurs étrangers décrivent les Tibétains comme des gens heureux, enjoués. Ces qualités font en effet partie de notre caractère : elles ont été forgées par des valeurs culturelles et religieuses prônant l'importance de la paix de l'esprit qui découle de l'amour et de la bonté envers tous les êtres vivants, qu'ils soient des êtres humains ou des animaux. La paix intérieure, voilà la clé : si vous possédez cette paix intérieure, les problèmes extérieurs n'entameront pas votre sens profond de sérénité et de paix. Un tel état d'esprit permet d'aborder n'importe quelle situation avec calme et modération, tout en préservant son bonheur intérieur. Voilà qui est important. Quelle que soit votre aisance matérielle, sans cette paix intérieure, les circonstances peuvent encore et toujours vous inquiéter, vous troubler ou vous rendre malheureux.

Il est de la plus grande importance de bien saisir cette relation entre une attitude de paix intérieure et les événements du monde, et d'essayer de résoudre les problèmes en tenant compte de ces divers aspects. Ce n'est certes pas aisé. Mais on ne gagne rien à tenter de résoudre un problème si, ce faisant, on en crée un autre, tout aussi grave. Nous n'avons donc en réalité pas le choix : nous devons susciter un sens de la responsabilité universelle, non seulement au sens géographique, mais également pour ce qui est des divers problèmes auxquels notre planète se trouve confrontée.

Cette responsabilité ne revient pas uniquement aux dirigeants de nos pays ou à ceux que nous avons désignés ou élus pour assumer telle ou telle fonction. Elle revient à chacun de nous, individuellement. La paix, par exemple, commence dans le cœur de chacun de nous. Si nous avons la paix intérieure, nous sommes en paix avec ceux qui nous entourent. Quand notre communauté est dans un état de paix, elle peut être en paix avec les communautés voisines, et ainsi de suite. Quand nous éprouvons de l'amour et de la bonté envers autrui, celui-ci se sent aimé, entouré de sollicitude, et, de plus, nous contribuons ainsi à accroître notre propre bonheur et notre paix intérieure. Ces sentiments d'amour et de bonté peuvent être développés consciemment grâce à certaines pratiques. Pour certains, la manière la plus efficace consistera à pratiquer une religion. Pour d'autres, des pratiques non religieuses conviendront mieux. Ce qui compte, c'est que nous fassions, et cela s'applique à chacun de nous, un effort authentique pour assumer nos responsabilités les uns à l'égard des autres et envers le milieu naturel dans lequel nous vivons.

Ce qui se passe actuellement autour de nous me semble très encourageant. Les jeunes de nombreux pays, notamment dans le Nord de l'Europe, ont demandé avec insistance que l'on mette fin à la destruction de l'environnement menée au nom du progrès économique et qui risquait d'être lourde de conséquences redoutables. Et voilà les dirigeants politiques du monde entier qui commencent à prendre des mesures concrètes pour traiter le problème. Le rapport présenté au secrétaire général des Nations unies par la Commission mondiale sur l'environnement et le développement (rapport Brundtland) a constitué une étape importante et a fait comprendre aux gouvernements que le problème était devenu urgent. Les efforts qui ont été déployés pour rétablir la paix dans des régions déchirées par la guerre et pour défendre le droit à l'autodétermination de certains peuples ont eu pour conséquence le retrait des troupes soviétiques d'Afghanistan et l'établissement d'une Namibie indépendante. Des peuples, agissant sans relâche de façon non-violente, ont produit des bouleversements spectaculaires, de Manille aux Philippines jusqu'à Berlin en ex-Allemagne de l'Est, permettant ainsi à plusieurs pays de se rapprocher d'une véritable démocratie. La guerre froide tire apparemment à sa fin et l'espoir renaît partout. Les efforts courageux du peuple chinois pour amener des changements du même ordre ont malheureusement été brutalement écrasés en juin dernier. Mais ces efforts eux aussi sont une source d'espoir. La puissance militaire n'a pas anéanti le désir de liberté et la détermination du peuple chinois d'y parvenir. Je suis frappé d'admiration pour ces jeunes gens, à qui l'on a appris que « le pouvoir vient du canon des fusils » et qui choisissent comme arme la non-violence.

Ce que révèlent ces changements positifs, c'est que la raison, le courage, la détermination et l'inextinguible désir de liberté peuvent finalement triompher. Dans la lutte qui oppose, d'une part, les forces de la guerre, de la violence et de l'oppression et, d'autre part, la paix, la raison et la liberté, ce sont ces dernières qui gagnent du terrain. Voilà qui nous remplit, nous, Tibétains, de l'espoir qu'un jour nous serons à nouveau libres, nous aussi.

Que l'on me décerne, ici en Norvège, le prix Nobel, à moi, un simple moine venu du lointain Tibet, nous remplit aussi, nous, Tibétains, d'un nouvel espoir. Cette distinction signifie que, bien que nous n'ayons pas attiré l'attention sur notre situation tragique en recourant à la violence, nous n'avons pourtant pas été oubliés. Elle signifie également que les valeurs qui sont les nôtres, notamment notre respect pour toute forme de vie et notre confiance dans la puissance de la vérité, sont aujourd'hui reconnues et encouragées. C'est de plus un hommage rendu à mon guide, le Mahatma Gandhi, dont l'exemple est une source d'inspiration pour tant d'hommes. Le Prix décerné cette année est aussi le signe que le sens d'une responsabilité universelle s'affirme. Je suis profondément touché par l'inquiétude que ressentent sincèrement tant de personnes dans cette partie du monde pour les souffrances du peuple tibétain. C'est là une source d'espoir, non seulement pour nous, Tibétains, mais pour tous les opprimés.

Comme vous le savez, le Tibet est sous l'occupation étrangère depuis quarante ans. Aujourd'hui [en 1989], les troupes chinoises stationnées au Tibet comptent plus de 250 000 hommes. D'après certaines sources, ce chiffre serait deux fois plus élevé. Pendant tout ce temps, les Tibétains ont été privés de leurs droits les plus fondamentaux, le droit à la vie, le droit de se déplacer, de s'exprimer, de pratiquer une religion pour ne citer que ceux-là. Plus d'un million de personnes, sur une population de six millions, sont mortes des conséquences directes de l'invasion et de l'occupation chinoises. Même avant la Révolution culturelle, de nombreux monastères, des temples et des bâtiments historiques ont été détruits. Ce qui subsistait a été presque entièrement anéanti pendant la Révolution culturelle. Je ne souhaite pas m'étendre sur ce sujet pour lequel il existe une documentation importante. Ce qu'il est important de savoir cependant, c'est qu'en dépit de la latitude (limitée d'ailleurs) donnée depuis 1979 pour reconstruire certaines parties de certains monastères, en dépit d'autres actes symboliques de libéralisation, les droits fondamentaux du peuple tibétain sont toujours et systématiquement violés. Ces derniers mois, la situation, déjà déplorable, s'est aggravée.

Si le gouvernement et le peuple indiens n'avaient pas si généreusement accueilli et soutenu notre communauté en exil, si nous n'avions pas reçu l'aide d'organismes et de personnes privées de nombreuses régions du monde, il ne resterait plus guère aujourd'hui de notre nation que quelques fragments épars. Notre culture, notre religion et notre identité nationale auraient bel et bien disparu. Les choses étant ce qu'elles sont, nous avons reconstruit en terre d'exil des écoles et des monastères et créé des institutions démocratiques pour servir notre peuple et sauvegarder les fondements de notre civilisation. Forts de cette expérience, nous sommes résolus à établir une démocratie pleine et entière dans un futur Tibet libre. Nous veillons à préserver notre identité et notre culture, tout en développant notre communauté en exil dans un esprit moderne. Nous apportons ainsi un espoir à des millions de nos compatriotes vivant au Tibet.

Ce qui nous inquiète le plus actuellement, c'est l'afflux massif de colons chinois au Tibet. Dès les premières décennies de l'occupation, un nombre considérable de Chinois avaient été transférés dans la partie est du pays, dans les provinces tibétaines d'Amdo (Qinghai) et du Kham, dont le gros du territoire avait été annexé par les provinces chinoises avoisinantes. Or, depuis 1983, un nombre sans précédent de Chinois ont été encouragés par leur gouvernement à immigrer dans toutes les régions du Tibet, y compris le Tibet central et l'Ouest du pays, que la République populaire de Chine qualifie de «prétendue Région autonome du Tibet». Les Tibétains sont ainsi rapidement ramenés à une minorité insignifiante dans leur propre pays. Cette évolution, qui menace la survie même de la nation tibétaine, ses traditions et son héritage spirituel, peut encore être arrêtée et renversée. Mais il faut faire vite, avant qu'il ne soit trop tard. Un nouveau cycle de manifestations, suivies de violentes répressions, a commencé au Tibet en septembre 1987 et a abouti à l'imposition de la loi martiale dans la capitale, Lhassa, en mars 1989. Ces manifestations étaient pour une large part menées en réaction à cet énorme afflux d'immigrants chinois. Les informations qui parviennent à notre communauté en exil font état de marches et d'autres formes pacifiques de protestations qui se poursuivent à Lhassa et dans d'autres localités du Tibet, et cela en dépit des peines sévères et des traitements inhumains infligés aux Tibétains arrêtés pour avoir exprimé leurs griefs. Le nombre de Tibétains tués par les services de sécurité pendant les émeutes de mars et de ceux qui sont morts en détention par la suite n'est pas connu ; il dépasserait deux cents. Des milliers de personnes ont été mises en garde à vue ou arrêtées et emprisonnées ; la torture est pratiquée couramment.

Du fait que cette situation s'aggravait et pour éviter de nouvelles effusions de sang, j'ai proposé ce qu'il est convenu d'appeler le plan de paix en cinq points pour le rétablissement de la paix et des droits de l'homme au Tibet. J'en ai précisé les détails dans une allocution prononcée à Strasbourg en 1988. Je crois qu'il fournit un cadre raisonnable et réaliste pour des négociations avec la République populaire de Chine. Pourtant, jusqu'ici, les dirigeants chinois n'ont pas voulu y répondre de façon constructive. Or la répression brutale du mouvement démocratique chinois en juin dernier[1] me confirme dans mon opinion que tout règlement de la question tibétaine n'aura de sens que s'il est assorti de garanties internationales appropriées.

Le plan de paix en cinq points traite les principaux problèmes que j'ai exposés ici dans la première partie de mon allocution. Il prévoit :

1. la transformation de tout le Tibet, y compris les provinces d'Amdo et du Kham à l'Est, en une zone d'*ahimsa* (non-violence) ;

2. l'abandon par la Chine de sa politique de transfert de population ;

3. le respect des droits fondamentaux et des libertés démocratiques du peuple tibétain ;

---

1. Allusion au massacre de la place Tienanmen, dans la nuit du 3 au 4 juin 1989.

4. la restauration et la protection de l'environnement au Tibet ;

5. l'amorce de véritables négociations sur le futur statut du Tibet et sur les relations entre les peuples tibétain et chinois. Dans la déclaration que j'ai faite à Strasbourg, j'ai proposé que le Tibet devienne une entité politique démocratique pleinement autonome.

Je souhaite saisir cette occasion pour expliquer ce que l'on entend par zone d'*ahimsa* ou par refuge de la paix, cette notion étant la clé de voûte du plan en cinq points. Je suis convaincu qu'elle sera de la plus grande importance, non seulement pour le Tibet, mais pour la paix et la stabilité en Asie.

Mon rêve serait que le plateau tibétain devienne un refuge de liberté où les hommes pourraient vivre en paix et en harmonie avec la nature. Ce serait l'endroit où, du monde entier, l'on pourrait venir rechercher en soi-même la véritable signification de la paix, loin des tensions et des pressions qui s'exercent ailleurs. Le Tibet pourrait ainsi devenir un lieu de réflexion où l'on s'appliquerait à promouvoir la paix et à la renforcer.

Voici quels sont les éléments essentiels pour instaurer la zone d'*ahimsa* proposée dans le plan en cinq points :

- le plateau tibétain serait démilitarisé ; la fabrication, le stockage et les essais nucléaires y seraient interdits ;
- le plateau tibétain serait transformé en une biosphère, il deviendrait le plus grand parc naturel du monde. Des lois strictes seraient appliquées pour en protéger la faune et la flore. L'exploitation des ressources naturelles serait soigneusement réglementée afin de ne pas causer de dommages aux écosystèmes ; une politique de développement durable serait adoptée pour les régions habitées ;
- la production et l'utilisation de l'énergie nucléaire ou d'autres technologies qui entraînent des déchets dangereux seraient interdites ;
- la politique et la gestion des ressources naturelles consisteraient à promouvoir la paix et la protection de l'environnement. Les organisations qui auraient pour objectif de défendre la paix et de protéger la vie sous toutes ses formes seraient les bienvenues au Tibet ;
- l'établissement au Tibet d'organisations régionales et internationales pour la défense et la protection des droits de l'homme serait encouragé.

La situation du Tibet en altitude, sa superficie (qui est équivalente à celle de la Communauté européenne), son histoire unique et son héritage de profonde spiritualité le rendent idéalement apte à devenir ce sanctuaire de paix au cœur de l'Asie. De plus, ce nouveau rôle coïnciderait avec celui, historique, du Tibet comme nation bouddhiste pacifique et comme État tampon séparant les deux grandes puissances du continent asiatique, souvent en rivalité.

Afin de réduire les tensions actuelles en Asie, le président de l'Union soviétique, M. Gorbatchev, a proposé la démilitarisation de la frontière sino-soviétique pour en faire une « frontière de la paix et du bon voisinage ». Le gouvernement du Népal avait précédemment proposé que ce pays de l'Himalaya, en bordure du Népal, devienne une zone de paix, bien que sa démilitarisation n'ait pas été envisagée.

Pour assurer la paix et la stabilité en Asie, il est indispensable de créer des zones de paix pour séparer les grandes puissances du continent, qui sont des adversaires potentiels. La proposition du président Gorbatchev, qui comportait aussi le retrait complet des troupes soviétiques de Mongolie, contribuerait à réduire les tensions et les risques d'affrontement entre l'Union soviétique et la Chine. Il faudra aussi créer, c'est évident, une véritable zone de paix pour séparer les deux pays les plus peuplés du monde, l'Inde et la Chine.

L'établissement d'une zone d'*ahimsa* au Tibet nécessiterait le retrait des troupes et le démantèlement des installations militaires chinoises. Ces mesures permettraient alors à l'Inde et au Népal de retirer à leur tour leurs troupes et leurs installations militaires des régions himalayennes en bordure du Tibet. Des accords internationaux seraient nécessaires à cet effet. Tous les États d'Asie trouveraient leur intérêt à un tel arrangement, notamment l'Inde et la Chine, car leur sécurité en serait augmentée et le fardeau économique que représente le maintien d'armées importantes dans les régions reculées réduit.

Le Tibet ne serait pas la première zone stratégique à être démilitarisée. Certaines parties de la péninsule du Sinaï, territoire égyptien qui sépare Israël de l'Égypte, sont démilitarisées depuis quelque temps déjà. Bien entendu, le Costa Rica reste le meilleur exemple d'un pays entièrement démilitarisé.

Le Tibet ne serait pas non plus la première région à être transformée en réserve naturelle ou en biosphère. De nombreuses réserves ont ainsi été créées partout dans le monde. Certaines régions hautement stratégiques ont été transformées en « parcs naturels pour la paix ». Comme exemples, je mentionne le Parc de la Amistad, sur la frontière entre le Costa Rica et le Panama, et le projet « Si a la Paz » sur la frontière entre le Costa Rica et le Nicaragua.

Quand je me suis rendu au Costa Rica au début de 1989, j'ai eu l'occasion de constater qu'un pays peut se développer avec succès sans armée et devenir une démocratie stable, engagée à maintenir la paix et à protéger la nature. Cela me conforte dans ma conviction que ma façon de concevoir l'avenir du Tibet n'est pas seulement un rêve mais bien un projet réalisable.

Permettez-moi de terminer sur une note personnelle de remerciement qui s'adresse à vous tous qui êtes là, ainsi qu'à nos amis qui n'ont pas pu nous rejoindre aujourd'hui. L'inquiétude que vous avez manifestée devant le sort tragique des Tibétains et le soutien que vous nous avez apporté nous ont tous profondément touchés et continuent à nous donner le courage nécessaire dans la lutte que nous menons pour la liberté et la justice, non pas avec des fusils, mais avec les armes puissantes que sont la vérité et la détermination. Je sais que je parle au nom de tout le peuple tibétain lorsque je vous remercie et vous demande de ne pas oublier le Tibet qui vit une période sombre de son histoire.

Nous aussi espérons pouvoir apporter notre pierre au développement d'un monde plus pacifique, plus humain et plus beau. Le futur Tibet libre cherchera à aider ceux qui en auront besoin où qu'ils soient, à protéger la nature et à promouvoir la paix. Je crois que notre capacité toute tibétaine de combiner les qualités spirituelles avec une attitude réaliste et pragmatique nous permettra d'apporter une contribution originale, à notre façon, si modeste soit-elle. C'est l'espoir qui est le mien ; c'est ce pour quoi je prie.

Pour conclure, j'aimerais faire ici, avec vous, une courte prière. Elle est pour moi une source d'inspiration et de détermination.

Aussi longtemps que persistera l'espace,
Aussi longtemps que subsisteront les êtres vivants,
Que je puisse moi aussi demeurer
Pour dissiper la souffrance du monde.

Merci.

14

Allocution du soir du Nobel

Oslo, Norvège, décembre 1989

Frères et sœurs,

C'est un grand honneur de venir en ce lieu et de partager quelques pensées avec vous. J'ai écrit un discours qui a déjà circulé [*cf.* chapitre précédent]. Vous savez, certains de mes amis m'ont dit de parler tibétain et de faire suivre par une traduction en anglais ; certains disent qu'il vaut mieux que je lise mon texte anglais ; et d'autres disent qu'il vaut mieux que je parle directement dans mon anglais approximatif. Je ne sais pas. Hier, j'ai fait de mon mieux pour suivre les conventions, mais aujourd'hui je me sens plus libre et je parlerai sans cérémonie. Quoi qu'il en soit, les principaux points de mon discours sont sur papier pour que vous puissiez les suivre.

Peut-être convient-il que je résume sommairement quelques-uns des points que je vais envisager. J'examine en général trois sujets principaux. Tout d'abord, en tant qu'être humain, en tant que citoyen du monde, chaque être humain est responsable de la planète. Deuxièmement, en tant que moine bouddhiste, j'ai un lien particulier avec le monde spirituel. J'essaye d'apporter une contribution dans ce domaine. Troisièmement, en tant que Tibétain, je porte une responsabilité dans le destin de la nation tibétaine. Au nom de ce peuple infortuné, je parlerai brièvement de ses inquiétudes.

En premier lieu, quel est le but de la vie pour un humain ? Je crois que le bonheur est le but de la vie. Qu'il y ait ou non un but à l'existence de l'univers, des galaxies, je ne sais pas. Dans tous les cas, le fait est que nous sommes ici sur cette planète avec d'autres êtres humains. Étant donné que tout être humain veut le bonheur et ne veut pas la souffrance, il est clair que ce désir ne vient pas d'une formation ni d'une idéologie quelconque. C'est quelque chose de naturel. Par conséquent, je considère que l'obtention du bonheur, de la paix et de la joie est le but de la vie. Il est donc très important d'examiner ce que sont le bonheur et la satisfaction et quelles sont leurs causes.

Je pense qu'il y a un facteur mental, ainsi qu'un facteur physique. Tous deux sont très importants. Si nous comparons les deux, le facteur mental est plus important, supérieur au facteur physique. Nous pouvons le constater dans notre vie quotidienne. Puisque le facteur mental est plus important, nous devons être très attentifs aux qualités intérieures.

Je crois que la compassion et l'amour sont nécessaires afin que nous puissions obtenir le bonheur, la sérénité. Ces facteurs mentaux sont cruciaux. Je pense qu'ils sont la source première. Qu'est-ce que la compassion ? Du point de vue bouddhiste, il y a différentes sortes de compassion. Le sens fondamental de la compassion n'est pas simplement le sentiment d'être proche ou un sentiment de pitié. Je pense plutôt qu'avec une compassion authentique nous ne ressentons pas seulement les douleurs et les souffrances des autres, mais nous éprouvons aussi une détermination pour vaincre ces souffrances. Un des aspects de la compassion est une sorte de détermination et de responsabilité. C'est pourquoi la compassion nous apporte la paix ainsi qu'une force intérieure. La force intérieure est la source finale de la réussite.

Quand nous rencontrons des problèmes, une grande part de leur résolution dépend de l'attitude personnelle envers le problème ou la tragédie. Dans certains cas, face aux difficultés, on perd espoir, on se décourage et l'on finit par être déprimé. En revanche, si l'on adopte une certaine attitude mentale, alors la tragédie et la souffrance apportent plus d'énergie, plus de détermination.

Je dis généralement aux personnes de ma génération que nous sommes nés pendant la période la plus sombre de notre longue histoire. Il y a un grand défi. C'est très regrettable. Mais, s'il y a un défi, il y a une occasion de le relever, une occasion de manifester notre volonté et notre détermination. De ce point de vue, je pense que notre génération a de la chance. Ces choses dépendent des qualités intérieures, de la force intérieure. La compassion est très bonne, très paisible, douce par nature, non pas rude. Vous ne pouvez pas la détruire facilement car elle est très puissante. La compassion est donc très importante et très utile.

Encore *une fois*, si nous regardons la nature humaine, l'amour et la compassion sont les fondations de l'existence humaine. Selon certains scientifiques, le fœtus éprouve des sentiments dans le ventre de la mère et se trouve affecté par l'état mental de la mère. Puis les quelques semaines qui suivent la naissance sont cruciales pour le développement du cerveau de l'enfant. Durant cette période, le contact physique de la mère est le facteur le plus important pour le développement harmonieux du cerveau. Cela montre que le physique a besoin d'affection pour se développer correctement.

Quand nous naissons, notre première action est de sucer le lait de notre mère. Bien sûr, l'enfant peut ne rien connaître de la compassion et de l'amour, mais son sentiment naturel est de se sentir proche de l'objet qui lui donne le lait. Si la mère est en colère ou a des mauvais sentiments, le lait peut ne pas venir pleinement. Cela montre que, dès notre premier jour en tant qu'être humain, l'effet de la compassion est primordial.

Si des choses désagréables arrivent dans notre vie quotidienne, nous y prêtons immédiatement attention, mais nous ne remarquons pas d'autres choses agréables. Nous les considérons comme normales, habituelles. Ceci montre que la compassion et l'affection font partie de la nature humaine.

La compassion ou l'amour ont différents niveaux ; certains sont plus teintés que d'autres de désir ou d'attachement. Par exemple, l'attitude des parents vis-à-vis des enfants contient un mélange de désir, d'attachement et de compassion. L'amour et la compassion entre mari et femme – surtout au début du mariage, quand ils ne connaissent pas la nature profonde l'un de l'autre – se situent à un niveau superficiel. Dès que l'attitude d'un des conjoints change, l'attitude de l'autre devient le contraire de ce qu'elle était. Cette sorte d'amour et de compassion a davantage l'attachement pour nature. L'attachement signifie un certain sentiment de proximité projeté par soi-même. En réalité, l'autre côté peut être très négatif, mais en raison de notre propre attachement mental et de notre projection, il apparaît comme quelque chose d'agréable. Plus encore, l'attachement nous conduit à amplifier une petite qualité et la fait apparaître totalement belle et positive. Dès que l'attitude mentale change, l'image change complètement. Ce type d'amour et de compassion est donc plutôt de l'attachement.

Une autre sorte d'amour et de compassion n'est pas fondée sur quelque chose apparaissant comme beau ou agréable, mais repose sur le fait que l'autre personne, tout comme soi-même, veut le bonheur et ne veut pas la souffrance et que cela est tout à fait justifié. Sur une telle base, on éprouve un sens de responsabilité, un sens de proximité avec cet être. C'est la vraie compassion. Car la compassion est fondée sur la raison, non sur un simple sentiment émotionnel. Il en résulte que l'attitude de l'autre n'importe pas, qu'elle soit négative ou positive. Ce qui importe, c'est qu'il est un être humain, un être sensible qui fait l'expérience de la douleur et du plaisir. Il n'y a pas de raison de ne pas éprouver de compassion tant qu'il y a des êtres sensibles.

Les différents types de compassion sont, à un premier niveau, mélangés ; ils s'interpénètrent. On remarque parfois que certaines personnes ont une attitude très négative, très cruelle envers les autres. Ces personnes semblent n'avoir aucune compassion dans leur esprit. Mais je crois qu'en fait elles ont la graine de la compassion. La raison en est que même ces personnes sont très contentes lorsque quelqu'un leur témoigne de l'affection. La faculté de goûter l'affection des autres signifie qu'au fond de leur esprit se trouve la graine de la compassion.

La compassion et l'amour ne sont pas des produits fabriqués par l'homme. L'idéologie est fabriquée par l'homme, mais ces sentiments sont des produits de la nature. Il est important de reconnaître les qualités naturelles, surtout lorsque nous rencontrons un problème dont nous n'arrivons pas à trouver la solution. Je pense, par exemple, que les leaders chinois rencontrent un problème qui est dû en partie à leur idéologie, à leur propre système. Mais, quand ils essayent de résoudre le problème au moyen de leur propre idéologie, ils n'arrivent pas à s'en débarrasser. Dans les affaires religieuses, parfois en raison même de la religion, nous créons des problèmes. Si nous essayons de les résoudre en utilisant des méthodes religieuses, il est tout à fait certain que nous ne réussirons pas. Je pense donc que, lorsque nous rencontrons ce genre de problèmes, il est important de retourner aux qualités humaines fondamentales. Nous verrons alors que les solutions se présentent plus facilement. C'est pourquoi je dis *généralement* que le meilleur moyen de *résoudre* les problèmes humains est la compréhension humaine.

Il est très important de reconnaître la nature fondamentale de l'homme et la valeur des qualités humaines. tre cultivé ou non, riche ou pauvre, appartenir à telle nation ou à telle autre, telle religion ou telle autre, telle idéologie ou telle autre, est secondaire et n'importe pas. Quand nous retournons à cette base, tous les humains sont semblables. Alors nous pouvons dire vraiment « frère » et « sœur » ; alors, ce ne sont plus seulement de jolis mots – ils prennent un sens. Ce type de motivation engendre automatiquement la pratique de la bonté. Cela nous donne la force intérieure.

Quelle est ma raison d'être dans la vie, quelle est ma responsabilité ? Que cela me plaise ou non, je suis sur cette planète, et c'est beaucoup mieux de faire quelque chose pour l'humanité. Vous voyez donc que la compassion est la graine ou la base. Si nous prenons soin de nourrir la compassion, nous verrons qu'elle apporte avec elle les autres qualités humaines. La compassion n'est pas du tout une affaire religieuse ; il est très important de savoir que c'est une affaire humaine ; c'est une question de survie humaine et non une question de luxe humain. Je pourrais dire que la religion est une sorte de luxe. Si vous avez la religion, c'est très bien. Mais nous pouvons nous arranger sans la religion. En revanche, sans ces qualités humaines fondamentales, nous ne pouvons pas survivre. Notre propre paix et notre stabilité mentale en dépendent.

Parlons maintenant de l'être humain en tant qu'animal social. Même si nous n'aimons pas les autres, nous devons vivre ensemble. Les lois de la nature font que même les abeilles et les autres animaux doivent vivre ensemble en coopération. Je suis attiré par les abeilles parce que j'aime le miel – c'est vraiment délicieux. Leur produit est quelque chose que nous ne pouvons pas produire. N'est-ce pas beau ? Je crois que je les exploite trop. Même ces insectes ont certaines responsabilités ; ils travaillent ensemble de très belle manière. Ils n'ont pas de constitution, pas de loi, pas de police, rien, mais ils travaillent ensemble efficacement. Cela est dû à la nature. De la même façon, chaque partie d'une fleur n'est pas mise en place par les hommes, mais par la nature. La force de la nature est remarquable. Nous, les humains, nous avons des constitutions, nous avons des lois, nous avons une force de police, nous avons des religions, nous avons beaucoup de choses. Mais, dans la *pratique* effective, je crois que nous sommes derrière ces petits insectes.

La civilisation apporte parfois de bons progrès ; mais nous sommes trop pris par ce progrès et nous négligeons, voire oublions, notre nature fondamentale. Tout développement dans la société humaine devrait intervenir sur la base de la nature humaine fondamentale. Si nous perdons cette fondation, les progrès n'ont plus de raison d'être.

Dans la coopération, dans le travail en commun, le point clé est le sens de la responsabilité. Mais on ne peut le développer par la force, comme on a essayé de le faire en Europe de l'Est ou en Chine. Dans ces pays, un effort considérable doit être fait pour engendrer dans l'esprit de chaque être humain, individuellement, un sens de la responsabilité, un souci de l'intérêt commun plutôt que des intérêts personnels. C'est à cela qu'ils visent dans leur éducation, leur idéologie, leurs efforts pour réaliser des lavages de cerveau. Mais leurs moyens sont abstraits et le sens de la responsabilité ne peut pas se développer. Un sens authentique de la responsabilité ne se développera que par la compassion et l'altruisme.

L'économie moderne n'a pas de frontières nationales. Quand nous parlons d'écologie, d'environnement, quand nous sommes préoccupés par la couche d'ozone, une seule personne, une seule société, un seul pays ne peuvent résoudre ces problèmes. Nous devons travailler ensemble. L'humanité a besoin de davantage de coopération authentique. Le fondement du développement des bonnes relations mutuelles est l'altruisme, la compassion et le pardon. Afin que les petites controverses restent limitées, dans le cercle des humains, la meilleure méthode est le pardon. L'altruisme et le pardon sont les bases d'une humanité unie. Aucun conflit, quelle que soit sa gravité, ne pourra alors franchir les frontières de ce qui est réellement humain.

Je vais vous dire quelque chose. J'aime avoir des amis, je veux davantage d'amis. J'aime les sourires. C'est un fait. Comment engendrer les sourires ? Il y a une grande variété de sourires. Certains sourires sont sarcastiques. Certains sourires sont artificiels, des sourires diplomatiques. Certains sourires ne provoquent pas la satisfaction, mais plutôt la crainte ou le soupçon. Mais un vrai sourire nous donne l'espoir, la fraîcheur. Si nous voulons un sourire authentique, nous devons fournir le fondement pour qu'il vienne. À tous les *niveaux de la vie humaine*, la compassion est un point clé.

Maintenant, penchons-nous sur la question de la violence et de la non-violence. Il existe de nombreux degrés de violence et de non-violence. Si l'on considère une action extérieure, il est difficile de décider si elle est violente ou non-violente. Fondamentalement, cela dépend de la motivation derrière l'action. Si la motivation est négative, même si l'apparence extérieure est très douce et très aimable, l'action est très violente à un niveau plus profond. En revanche, des actes et des mots durs venant d'une motivation sincère et positive sont essentiellement non-violents. En d'autres termes, la violence est un pouvoir destructif. La non-violence est constructive.

Lorsque les jours rallongent et que le soleil brille plus longtemps, l'herbe devient fraîche et nous nous sentons très heureux. Par contre, en automne, une feuille tombe puis une autre feuille tombe à son tour. Les belles plantes semblent mortes et nous ne nous sentons pas heureux. Pourquoi ? Je crois que cela tient au fait qu'au fond de nous notre nature humaine aime la construction et n'aime pas la destruction. Chaque action destructive va à l'encontre du tempérament humain. Construire est le chemin humain. C'est pourquoi je pense que, du point de vue des sentiments humains fondamentaux, la violence n'est pas bonne. La non-violence est le seul moyen.

Dans la pratique, nous pouvons par la violence atteindre nos objectifs, mais c'est aux dépens du bien-être d'un autre. Si bien qu'en même temps que nous résolvons un problème nous semons la graine d'un autre problème. La meilleure façon de résoudre les problèmes est de s'en remettre à la compréhension humaine, au respect humain. D'un côté, faites certaines concessions ; d'un autre côté, prenez en considération le problème sérieusement. Il se peut qu'il n'y ait pas complète satisfaction, mais quelque chose se passe. Au moins un danger futur est-il évité. La non-violence est très sûre.

Avant ma première visite en Europe, en 1973, j'avais ressenti l'importance de la compassion, de l'altruisme. À de nombreuses occasions, j'ai expliqué l'importance d'avoir le sens de la responsabilité universelle. Parfois, durant cette période, certaines personnes ont pensé que les idées du dalaï-lama étaient un peu irréalistes. Dans le monde occidental, malheureusement, la non-violence de Gandhi est perçue comme une résistance passive convenant mieux à l'Orient. Les Occidentaux *sont* très actifs, exigeant des résultats immédiats, y compris dans le cours de leur existence quotidienne. Cependant, la situation d'aujourd'hui enseigne la non-violence aux gens. Le mouvement pour la paix est non-violent. Les événements récents me confirment que la non-violence est plus proche de la nature humaine.

Si ce que vous exigez repose sur des motifs ou des bases solides, il n'est alors pas nécessaire d'avoir recours à la violence. Par ailleurs, quand les concessions que vous demandez ne reposent pas sur des motifs solides mais principalement sur votre propre désir, alors la raison ne peut fonctionner et vous devez vous en remettre à la force. Ainsi l'usage de la force n'est-il pas un signe de puissance, mais plutôt un signe de faiblesse. Même dans les contacts humains quotidiens, si nous parlons sérieusement, de manière raisonnée, il n'est pas nécessaire d'éprouver de la colère. Nous pouvons discuter les différents points. Quand nous ne pouvons nous justifier par la raison, alors la colère vient. Quand la raison finit, la colère commence. La colère est donc un signe de faiblesse.

Dans cette seconde partie de mon allocution, je parlerai en tant que moine bouddhiste. Grâce à davantage de contacts avec des personnes d'autres traditions, au fur et à mesure que le temps passe, j'ai renforcé ma conviction que toutes les religions peuvent travailler ensemble, malgré leurs différences philosophiques fondamentales. Toutes les religions cherchent à servir l'humanité. Il est donc possible pour les religions de travailler ensemble pour servir l'humanité et contribuer à la paix du monde. C'est pourquoi, durant les quelques dernières années, j'ai saisi toutes les occasions pour entretenir des relations plus proches avec d'autres religions.

Le bouddhisme n'accepte pas la théorie d'un Dieu ou d'un Créateur. Selon le bouddhisme, nos propres actes sont, en définitive, le Créateur. Certaines personnes disent que, sous un certain angle, le bouddhisme n'est pas une religion, mais plutôt une science de l'esprit. La religion est très liée à la foi. Parfois, il semble qu'il y ait une grande distance entre un mode de pensée fondé sur la foi et un autre entièrement fondé sur l'expérimentation, sur une position critique. À moins de découvrir quelque chose par l'examen, vous ne voulez pas l'accepter comme un fait. D'un certain point de vue, le bouddhisme est une religion ; d'un autre point de vue, c'est une science de l'esprit, non une religion. Le bouddhisme peut être un pont entre ces deux aspects. C'est avec cette conviction que je m'efforce d'établir des liens plus étroits avec les scientifiques, principalement dans les domaines de la cosmologie, de la psychologie, de la neurobiologie et de la physique. Dans ces domaines, nous avons des idées à partager et, dans une certaine mesure, nous pouvons travailler ensemble.

En troisième lieu, je parlerai du problème tibétain. L'une des questions les plus importantes, les plus graves, est celle du transfert des populations chinoises au Tibet. Si la situation présente se poursuit pendant encore dix ou quinze ans, les Tibétains seront une minorité insignifiante dans leur propre pays, situation semblable à celle de la Mongolie intérieure. La population indigène n'est là-bas que de trois millions d'individus contre environ dix millions de Chinois. Dans le Turkestan oriental, la population chinoise s'accroît de jour en jour. Au Tibet, la population indigène compte six millions d'individus, tandis que la population chinoise se situe autour de sept millions et demi d'individus. C'est une question vraiment très grave.

Nous voulons développer une compréhension et une harmonie plus grandes entre les Chinois et les Tibétains – les Chinois appellent cela l'unité de la mère-patrie. La base du respect mutuel est la démilitarisation, d'abord en limitant le nombre de soldats chinois, et, finalement, en les retirant tous du Tibet. Cela est primordial. Pour maintenir la paix dans la région et une amitié authentique entre l'Inde et la Chine, les deux nations les plus peuplées, il est essentiel de réduire les forces militaires des deux côtés de la chaîne himalayenne. C'est pourquoi j'ai avancé l'idée que le Tibet devienne une zone d'*ahimsa*, une zone de non-violence.

Il existe déjà des indications claires concernant les décharges et les usines d'armement nucléaires au Tibet. C'est un sujet grave. Par ailleurs, la déforestation avance, très dangereuse pour l'environnement. Le respect des droits de l'homme est aussi nécessaire. Ce sont les priorités que j'ai indiquées dans mon plan de paix en cinq points. Ce sont des questions essentielles.

Nous sommes en train de franchir une période très difficile. Je suis très encouragé par votre accueil chaleureux et par le prix Nobel. Je vous remercie du plus profond de mon cœur.

Droits de l'homme et responsabilité universelle

Discours prononcé à la conférence des Nations unies sur les droits de l'Homme, Vienne, 1993

Du fait de la croissance rapide de sa population et de l'augmentation des contacts entre les peuples et les gouvernements, notre monde devient plus petit et toujours plus interdépendant. Il est donc important de procéder à la réévaluation des droits et des devoirs des individus, des peuples, des nations, dans leurs relations les unes avec les autres et avec la planète. Cette conférence internationale rassemblant des organisations et des gouvernements concernés par les droits et les libertés de leurs frères et sœurs de régions du monde variées et souvent très lointaines est le signe d'une proximité nouvelle se développant entre nous. Elle est le résultat d'une reconnaissance de plus en plus grande du fait que les espoirs de tous les humains sont essentiellement les mêmes : nous cherchons tous le bonheur et nous essayons d'éviter la souffrance, quels que soient l'endroit où nous vivons, notre race, notre religion, notre sexe ou notre situation politique.

Je vous parle aujourd'hui en tant que frère humain, habitant de cette planète que nous sommes destinés à partager. Je vous parle aussi en tant que simple moine bouddhiste, quelqu'un qui croit à la valeur et au pouvoir de l'amour et de la compassion, qui sont l'essence de ma propre foi.

Les êtres humains – en fait tous les êtres, les hommes aussi bien que les animaux – ont le droit de rechercher le bonheur et de vivre en paix. Personne n'a le droit d'infliger de la douleur et de la souffrance aux autres.

Le manque de compréhension de la véritable nature du bonheur, me semble-t-il, est la principale raison pour laquelle les gens *infligent des souffrances* aux autres. Ils pensent ou bien que la douleur des autres sera d'une certaine manière une cause de bonheur pour eux-mêmes, ou bien que leur propre bonheur compte davantage, quelles que soient les souffrances qu'il engendre. Mais ce n'est qu'une vue à court terme ; personne ne retire véritablement de profit du mal fait à d'autres êtres sensibles. Quel que soit l'avantage immédiat gagné aux dépens d'un autre, il ne peut être que de courte durée. À long terme, provoquer la souffrance des autres et empiéter sur leurs droits à la paix et au bonheur conduit, pour soi-même, à l'inquiétude, à la peur et au doute. De tels sentiments minent la paix de l'esprit et le contentement, qui sont les marques du bonheur.

Le véritable bonheur ne vient pas du souci limité de son propre bien-être, ni du bien-être de ceux dont on se sent proche, mais du développement de l'amour et de la compassion pour tous les êtres. Ici, amour signifie le souhait que tous les êtres trouvent le bonheur ; compassion signifie l'aspiration à ce que les êtres ne souffrent pas. Nourrir ces deux attitudes fait naître un sens de l'ouverture et de la confiance qui fournit la base de la paix.

Quand nous exigeons les droits et les libertés que nous chérissons tant, nous devons aussi être conscients de nos responsabilités humaines. Si nous pensons que les autres ont un droit égal au nôtre à la paix et au bonheur, n'avons-nous pas la responsabilité de faire ce que nous pouvons pour aider ceux qui sont dans le besoin ou, du moins, pour ne pas leur nuire ? Fermer les yeux sur les souffrances de notre voisin pour mieux profiter de notre liberté et de notre chance est un rejet de cette responsabilité. Nous devons apprendre à nous sentir concernés par les problèmes des autres, qu'il s'agisse d'individus ou de peuples entiers.

Dans le monde d'aujourd'hui, extrêmement interdépendant, ni les individus ni les nations ne peuvent résoudre seuls un grand nombre de leurs problèmes. Nous avons besoin les uns des autres. Nous devons donc développer un sens de la responsabilité universelle. C'est ce que je crois et ce que j'exprime constamment depuis mon premier voyage en Europe et en Occident en 1973. Je suis encouragé par le fait qu'un nombre croissant de personnes partage ce point de vue. Il y a une prise de conscience de plus en plus grande de la responsabilité des uns envers les autres et envers la planète que nous partageons. Même si tant de souffrances continuent d'être infligées aux personnes et aux *peuples* au nom des idéologies, des religions, de l'histoire ou du progrès, un espoir nouveau apparaît pour les opprimés. Partout, des hommes montrent qu'ils sont prêts à sacrifier leur propre bien-être et parfois leur vie pour les droits et les libertés de leurs frères humains. Le récent succès des luttes pour les droits de l'homme et pour la démocratie dans de nombreux pays d'Asie et d'ailleurs n'aurait pu se produire sans la sympathie, le soutien et l'intérêt de personnes comme vous qui sentez qu'aider les autres est une responsabilité.

Nous sommes, en vérité, témoins d'un gigantesque mouvement populaire pour une avancée des droits de l'homme et des libertés démocratiques dans le monde. Ce mouvement a une telle force morale que même des gouvernements déterminés et des forces armées sont incapables de le supprimer. C'est un signe encourageant du triomphe de l'ardeur des hommes en faveur de la liberté.

L'élargissement des droits démocratiques et la reconnaissance croissante des droits des nations et des peuples – sans considération de statut politique – remplissent beaucoup d'entre nous de courage et d'espoir. Il est naturel et juste, pour les nations et pour les peuples, d'exiger leurs droits et leurs libertés et de lutter pour mettre fin à la répression, au racisme, à l'occupation militaire et aux formes variées de colonialisme et de domination étrangère. Les gouvernements doivent activement et effectivement soutenir de telles exigences plutôt que de décliner de belles paroles sur des principes généraux.

Nous sommes à l'aube d'un âge où les concepts et les dogmes politiques extrémistes peuvent cesser de dominer les affaires humaines. Nous devons utiliser cette occasion historique pour les remplacer par des valeurs spirituelles et humaines et nous assurer que ces valeurs deviendront le tissu de la grande famille qui est en train d'émerger.

C'est notre responsabilité collective et individuelle de protéger et de nourrir cette grande famille, de soutenir ses membres les plus faibles, de préserver et d'entretenir l'environnement dans lequel nous vivons tous.

Le peuple tibétain souhaite apporter sa contribution et assumer ses responsabilités. Nous ne sommes pas un peuple nombreux et puissant, mais notre mode de vie, notre culture et notre tradition spirituelle nous ont aidés, même dans des périodes de grandes difficultés et de grandes souffrances, à suivre le chemin de la paix et à trouver courage dans *notre volonté* d'amour et de compassion.

Le peuple tibétain désire ardemment, lorsque l'occasion lui en sera donnée, transformer le haut plateau, qui est sa maison, en un véritable sanctuaire de paix, où les hommes et la nature pourront vivre dans l'harmonie.

Nous souhaitons apporter notre modeste contribution à la paix et aux droits de l'homme, que recherchent tous les membres de la grande famille.

Un espoir pour le troisième millénaire

par Robert A. F. Thurman

Le regard que pose le quatorzième dalaï-lama sur les événements du monde nous donne la clé de son optimisme. Pour lui, il y a eu, entre le début et la fin du xxe siècle, quatre éléments qu'il considère comme porteurs d'espérance pour le xxie siècle.

Tout d'abord, il est possible que les moyens pacifiques prennent le pas sur l'action militaire pour résoudre les dissensions. En 1900, personne ne remettait en question le fait que la guerre soit l'arbitre suprême du destin des peuples. Les institutions militaires dominaient le monde, elles étaient le moteur du développement technologique et c'est à cette époque que les arsenaux les plus faramineux de l'histoire de la planète ont été bâtis.

L'approche militariste a atteint ses limites avec le gigantisme de ses armes, devenues inutilisables, et la faillite de son mode de mobilisation sociale. La paix devient alors la valeur suprême, la non-violence apparaît comme une méthode plus plausible de règlement des problèmes sociaux.

Rien d'exceptionnel dans cette façon de décrire la situation au début du XXe siècle. Rétrospectivement, tout le monde est d'accord sur l'analyse du climat social et culturel qui a mené aux deux guerres mondiales. Que la paix soit le but visé, personne ne le conteste, mais peu de gens considèrent qu'on peut y parvenir par la non-violence. Pourtant, le succès de Gandhi avec l'empire britannique, celui de Nelson Mandela en Afrique du Sud, après son renoncement à la violence qui faisait partie de la stratégie originelle de l'African National Congress, indiquent que la non-violence est une voie possible. D'autres exemples, plus proches de nous, nous le font sentir : le succès obtenu par les Palestiniens dans la libération d'une partie de la rive occidentale et de la bande de Gaza, simplement en renonçant à la violence, malgré les remises en question permanentes du processus à cause des extrémistes des deux camps, la révolution de velours en Tchécoslovaquie, l'unification de l'Allemagne, la libération des États baltiques et de l'Ukraine, etc. En revanche, la tragédie en cours au Tibet, l'intransigeance des dirigeants chinois vis-à-vis des mouvements démocratiques de leur pays, la junte birmane, le conflit bosniaque représentent des contre-exemples – quoique, dans chaque cas, à voir la faiblesse de plus en plus évidente des oppresseurs, on puisse raisonnablement espérer une victoire de la non-violence.

La seconde raison d'espérer du dalaï-lama repose sur l'individu. En 1900, les gens ne juraient que par le système social. La clé du succès, c'étaient les institutions gouvernementales et les organisations bureaucratiques efficaces, qu'elles soient capitalistes ou communistes ; il était nécessaire que l'individu soit contrôlé et réduit à la servitude. Les fascismes nous ont apporté la guerre, ainsi que le meurtre de plus de cent millions de personnes, et les grands systèmes étatiques se fondant sur la dictature du prolétariat ont mené leurs citoyens à la mort. L'ultime effort des Lumières occidentales en vue de construire le système social parfait – fondé sur les principes sociologiques du marxisme et leur utopie judéo-chrétienne sous-jacente – a été un désastre et, en fin de compte, un échec complet. Le grand rêve du socialisme – la libération par la soumission de l'individu au système social – s'est avéré être un cauchemar.

Dans le « monde libre », certains peuvent penser que le système capitaliste a prouvé son efficacité et sa supériorité sur le communisme en débâcle. Certes, l'idée sous-tendant le capitalisme, à savoir qu'il convient de produire plus que l'on consomme afin de garder une valeur concentrée pour les autres et pour les générations futures, reflète le détachement, la modération, la générosité même, et, donc, part d'une bonne intention. Le mercantilisme pur et dur est sans conteste un cran au-dessus du comportement prédateur du militarisme qui pille ses voisins. Au moins l'échange implique-t-il un enrichissement potentiel des deux parties, et non la destruction et la dépossession de l'autre. Il reste que le capitalisme exploite les ressources et les gens. Il a bien profité à une minorité, mais même celle-ci n'est pas à l'abri des *effets d'une* avidité excessive. Les couches moyennes sont les plus chanceuses, elles souffrent suffisamment pour que tout défi qui en vaille la peine stimule leur créativité, mais bénéficient d'assez de loisirs et de calme d'esprit pour jouir de ces phases créatives. Le ressentiment des plus pauvres leur fait néanmoins de plus en plus peur, tandis que les exigences continuellement renouvelées des très riches les stressent. Bref, au sommet, au milieu et en bas des systèmes non encore civilisés prévalant dans notre monde, on fait lentement face à la réalité : ces systèmes ne nous servent pas tant que ça. Cette situation n'est pas irrémédiable.

Le changement survenu au XXe siècle qui, selon le dalaï-lama, est porteur d'espoir, n'est pas le passage d'un système étatique à un autre. Plutôt, la trop grande confiance mise auparavant sur les grandes collectivités – des systèmes impersonnels, sans visage, abolissant toute individualité – s'est reportée sur les personnalités supérieures. Le but de l'existence étant l'évolution de chaque être humain, celui de toute société est d'éduquer les individus afin de leur donner les pleins pouvoirs. Or la démocratie est une forme d'organisation sociale (ou de désorganisation) qui favorise cela. C'est pourquoi, ainsi que l'a formulé Winston Churchill, c'est la pire forme de gouvernement que l'on puisse imaginer, à l'exception de toutes les autres.

Le dernier macrosystème à examiner ici doit être le nationalisme, ultime pierre d'achoppement à une véritable citoyenneté mondiale, une véritable gouvernance mondiale. L'individu, submergé dans une identité de groupe dont le caractère absolu est erroné, ne peut s'identifier lui-même comme un être humain, ce qui a pour effet d'accentuer sa séparation de ceux qu'il définit comme étant « les autres », chez lesquels il perçoit une menace potentielle. Une fois la notion d'individu fermement ancrée, les gens résisteront mieux au fanatisme idéologique et à toute forme d'embrigadement.

Le dalaï-lama voit une troisième source d'espoir dans le fait que l'on croit de moins en moins que la science et les technologies peuvent modeler l'existence et les destins. Au début du XXe siècle, on croyait que quelques décennies plus tard les éléments seraient sous le contrôle absolu des hommes, révéleraient les secrets de l'esprit, aboutiraient à une immortalité de synthèse. Il est à présent de plus en plus clair que la science en progressant ne fait que mieux saisir l'étendue de son ignorance et qu'un problème technologique succède à l'autre.

Le matérialisme étant une déformation idéologique, les gens, en quête d'autres perspectives, commencent à se tourner vers les traditions religieuses, quitte à ressusciter des modes de croyance longtemps discrédités par la science. La science spirituelle selon la tradition tibétaine peut jouer un rôle capital. En mettant l'accent sur l'examen de la réalité, elle peut aider à rassembler la vie intérieure et l'univers matériel. Les individus en tireront bénéfice, sans pour autant perdre leur vigilance spirituelle.

La science, en tant que recherche organisée de la connaissance de la réalité à travers une observation précise et un raisonnement critique, n'est pas la chasse gardée du matérialisme. L'esprit d'investigation qu'elle engendre a été prôné par le Bouddha comme étant la plus haute forme d'activité humaine, il y a bien longtemps. Il convient de ne pas confondre la tradition tibétaine des Lumières, apparue à la fin du premier millénaire, avec un rejet fondamentaliste de la science ou une régression dans la conscience irrationnelle. Au contraire, elle pose un regard critique sur le dogme du matérialisme ainsi que sur la résurgence des sciences spirituelles comme complément des sciences matérielles. Le mouvement des Lumières est une discipline procédant de la science de la vie intérieure, une recherche organisée et systématique de la connaissance de la réalité du soi et de l'environnement à travers l'observation précise et le raisonnement critique. Elle énonce le postulat qu'il est possible d'aboutir à une connaissance complète de toute réalité, une connaissance donnant accès à la maîtrise parfaite de toutes les conditions de la vie et de la mort dans le but d'atteindre le bonheur parfait. Cette connaissance, d'autre part, peut être enseignée et partagée avec d'autres êtres, de telle sorte que tous parviendront à la compréhension totale dont tous sont capables. C'est pourquoi la tradition des Lumières procède de la même aspiration au progrès qui sous-tend les sciences matérialistes.

La tradition des Lumières n'exige même pas de ses aspirants qu'ils croient que l'illumination existe. Il leur est simplement demandé de procéder à une critique plus minutieuse de leurs présupposés métaphysiques et d'adjoindre à leurs méthodes l'observation intérieure, dont les techniques contemplatives font de l'esprit subjectif un instrument d'une grande finesse permettant une pénétration aiguë. Outre la pensée critique, le doute est nécessaire, il faut douter de tout, même le moi dont l'évidence semble si indubitable à Descartes, il convient d'en douter.

L'efficacité de la méthode, les attraits de ses résultats sont attestés par la vie de ceux qui, dans mainte culture, en ont été des praticiens depuis des millénaires. Les autres religions sont amenées à laisser éclore leur science de la spiritualité, non seulement aux fins de vivifier leurs mythes, mais également pour s'allier à la science moderne. Cette nouvelle harmonie entre vie intérieure et matérialité devrait jouer un rôle majeur au XXIe siècle.

La quatrième raison d'espérer, pour le dalaï-lama, réside dans le fait que l'écosystème planétaire est perçu par un nombre croissant de gens comme un fragile réseau de choses vivantes. En 1900, l'environnement était inerte, mécanique, de la matière première attendant d'être manipulée et exploitée par les humains. L'eau, l'air, la terre, les arbres, les minéraux et les animaux, tous étaient utilisés avec une efficacité sans cesse croissante. Bien que les gouvernements et les multinationales n'aient pas cessé de contribuer à la crise ambiante par leur courte vue fondée sur les coûts et les profits, une autre vision de la vie se fait jour, consciente du lien inexorable entre l'existence humaine et le tissu dont la nature est faite. Prendre soin de notre mère la Terre est devenu une préoccupation sincère, universelle.

Les pires atteintes portées à notre environnement ont eu pour cause notre sens exagéré d'un moi isolé, statique, souverain. Cette perspective nous faisait envisager tout le reste comme étant étranger, déconnecté de nous-mêmes, hostile même. Notre civilisation occidentale tellement glorifiée a favorisé la conquête de la nature extérieure au détriment de la nature intérieure, et ce mauvais tournant, elle l'a pris dès l'époque des Grecs, ainsi que l'a exprimé Shantideva dans sa fameuse image des chaussures de cuir : « Celui qui ne veut pas se blesser les pieds en marchant sur cette terre dure et pleine de ronces a deux choix : soit recouvrir le sol de cuir, soit se fabriquer une paire de sandales. » Nous, les Occidentaux, nous avons vainement essayé de transformer la terre en quelque chose de doux et de protecteur pour la sensibilité humaine. Les Indiens *et les Tibétains*, eux, ont choisi la seconde solution. Pour eux, le « pied », qui est la sensibilité humaine, devrait apprendre à se protéger avec la « sandale » de la maîtrise de soi, car comprendre et contrôler l'intérieur est chose plus facile à accomplir que tenter de parvenir au contrôle absolu du monde extérieur avec ses infinies variations. Néanmoins, en se concentrant sur la fabrication des sandales, l'Inde et le Tibet ont négligé le monde extérieur. La modernité de l'intérieur passe à la fois par la science de l'extérieur et celle de l'intérieur.

Ces quatre raisons d'espérer – le réveil de l'amour de la paix, le goût de la liberté individuelle, le désir d'une sagesse unifiant le spirituel et le matériel, l'acceptation d'une relation écologique – entrent mystérieusement en résonance avec quatre des cinq principes de la conception des Lumières : la non-violence, l'individualisme, l'éducation, l'altruisme ; le cinquième principe, le «démocratisme» global, est parfaitement bien illustré par Sa Sainteté le grand dalaï-lama, quatorzième du nom.

Sources

1. Le Bouddha vivant du Tibet
Pico Iyer, « Tibet's Living Buddha », *Time Magazine*, 11 avril 1988. © Time Inc., 1988.

2. Sur sa vie
John Avedon, *Entretiens avec le Dalaï-Lama*, Dharma, Peymerinade, 1982.

3. Une vie dans un jour
Vanya Kewley, « A Life in the Day: The Dalai Lama », *The London Sunday Times*, Londres, 4 décembre 1988. © Times Newspapers Ltd, Londres, 1988.

4. Bonté et compassion
Fred Eppsteiner, « Hope for the Future », *The Path of Compassion; Writings on Socially Engaged Buddhism*, seconde édition corrigée, Parallax Press, Berkeley, 1988.

5. Développer la compassion
Sa Sainteté le Dalaï-Lama, *Les Voies spirituelles du bonheur*, Presses du Châtelet, Paris, 2002.

6. Coopération entre les religions

Compilation des sources suivantes[1] :

– Anna Bornstein, *Dalai Lama och den buddhistiska vägen*

– Christine Cox, *Meetings in the West*

– Sa Sainteté le Dalaï-Lama, *Kindness, Clarity and Insight*

7. Aux bouddhistes occidentaux

Compilation des sources suivantes :

– Anna Bornstein, *Dalai Lama och den buddhistiska vägen*

– Sa Sainteté le Dalaï-Lama, *Cinq entretiens avec le dalaï-lama*

– Sa Sainteté le Dalaï-Lama, *Comme la lumière avec la flamme : le bouddhisme du Tibet*

– Sa Sainteté le Dalaï-Lama, *Kindness, Clarity and Insight*

– Sa Sainteté le Dalaï-Lama, *La Voie vers la paix*

8. Raison, science et valeurs spirituelles

Compilation des sources suivantes :

---

1. Pour le détail des sources compilées, voir la bibliographie (p. 269).

– John Avedon, *Entretiens avec le dalaï-lama*
– Christine Cox, *Meetings in the West*
– Sa Sainteté le Dalaï-Lama, *Cinq entretiens avec le dalaï-lama*
– Sa Sainteté le Dalaï-Lama, *Comme la lumière avec la flamme : le bouddhisme du Tibet*
– Sa Sainteté le Dalaï-Lama, *Kindness, Clarity and Insight*
– Sa Sainteté le Dalaï-Lama, *La Voie de la félicité*
– Sa Sainteté le Dalaï-Lama, *La Voie vers la paix*

9. Méditation
Compilation des sources suivantes :
– Anna Bornstein, *Dalai Lama och den buddhistiska vägen*
– Sa Sainteté le Dalaï-Lama, *Cinq entretiens avec le dalaï-lama*
– Sa Sainteté le Dalaï-Lama, *Comme la lumière avec la flamme : le bouddhisme du Tibet*
– Sa Sainteté le Dalaï-Lama, *Kindness, Clarity and Insight*
– Sa Sainteté le Dalaï-Lama, *La Voie vers la paix*

10. Pour une vie saine
Compilation des sources suivantes :
- Anna Bornstein, *Dalai Lama och den buddhistiska vägen*
- Sa Sainteté le Dalaï-Lama, *Cinq entretiens avec le dalaï-lama*
- Sa Sainteté le Dalaï-Lama, *Kindness, Clarity and Insight*
- Sa Sainteté le Dalaï-Lama, *La Voie de la félicité*
- Sa Sainteté le Dalaï-Lama, *La Voie vers la paix*

11. Protection de l'environnement
Une approche éthique
« Humanity and Ecology. » © Bureau de Sa Sainteté le dalaï-lama, Dharamsala, 1988.

12. Plus loin avec le dalaï-lama
Catherine INGRAM, *Dans les traces de Gandhi : la force de la non-violence*, Dangles, Saint-Jean-de-Braye, 1998.

13. Discours du prix Nobel
© Sa Sainteté le Dalaï-Lama et la Fondation Nobel, Stockholm, 1990.

14. Allocution du soir du Nobel
© Sa Sainteté le Dalaï-Lama et la Fondation Nobel, Stockholm, 1990.
© Snow Lion Publications, New York, 1990, pour l'adaptation.

15. Droits de l'homme et responsabilité universelle
«Universal Responsibilities and Human Rights.» © Bureau de Sa Sainteté le dalaï-lama, Dharamsala, 1988.

16. Un espoir pour le troisième millénaire
Robert A. F. Thurman, *La Révolution intérieure ou la Recherche du véritable bonheur*, Trédaniel, Paris, 1998.

Bibliographie

THE ASSOCIATED PRESS, « New Crackdown Follows Celebrations in Lhassa », *The Washington Post*, Washington D.C., 21 décembre 1989.

AVEDON John, *Entretiens avec le dalaï-lama*, Dharma, Peymerinade, 1982 ; éd. originale : *An Interview with the Dalai Lama*, Littlebird Publications, New York, 1980.

BORNSTEIN Anna, *Dalai Lama och den buddhistiska vägen*, Larsons Förlag, Täby (Suède), 1988.

COX Christine, *Meetings in the West*, manuscrit inédit.

Sa Sainteté le DALAÏ-LAMA, *Kindness, Clarity and Insight*, éd. Jeffrey Hopkins et Elizabeth Napper, Snow Lion Publications, New York, 1984.

Sa Sainteté le DALAÏ-LAMA, *Comme la lumière avec la flamme : le bouddhisme du Tibet*, éd. Jeffrey Hopkins, éd. du Rocher, Monaco, 1997 ; éd. originale : *The Buddhism of Tibet*, Snow Lion Publications, New York, 1987.

Sa Sainteté le DALAÏ-LAMA, *Cinq entretiens avec le dalaï-lama*, éd. José Cabezón, Marabout, Paris, 2001 ; éd. originale : *The*

Bodhgaya Interviews, Snow Lion Publications, New York, 1988.

Sa Sainteté le DALAÏ-LAMA, *La Voie vers la paix*, éd. Jeffrey Hopkins et Antonia Leibovici, Trédaniel, Paris, 1999 ; éd. originale : *The Dalai Lama at Harvard*, Snow Lion Publications, New York, 1989.

Sa Sainteté le DALAÏ-LAMA, *La Voie de la félicité, conseils de méditation pour vivre le bouddhisme*, éd. Thupten Jinpa et Christine Cox, Ramsey, Paris, 1997 ; éd. originale : *A Path to Bliss*, Snow Lion Publications, New York, 1990.

Sa Sainteté le DALAÏ-LAMA, « The Nobel Evening Adress », Fondation Nobel, Stockholm, 1990 (adaptation : Snow Lion Publications, 1990).

Sa Sainteté le DALAÏ-LAMA, « The Nobel Peace Prize Lecture », Fondation Nobel, Stockholm, 1990.

Sa Sainteté le dalaï-lama, *Les Voies spirituelles du bonheur*, Presses du Châtelet, Paris, 2002.

EPPSTEINER Fred, *The Path of Compassion ; Writings on Socially Engaged Buddhism*, seconde édition corrigée, Parallax Press, Berkeley, 1988.

GOODMAN Michael Harris, *Le Dernier Dalaï-Lama ?* Claire Lumière, Vernègues,

1986; éd. originale: *The Last Dalai Lama?* Shambala Publications, Boston, 1986.

INGRAM Catherine, *Dans les traces de Gandhi: la force de la non-violence*, Dangles, Saint-Jean-de-Braye, 1998; éd. originale: *In the Footsteps of Gandhi: Conversations with Spiritual Social Activists*, Parallax Press, Berkeley, 1990.

IYER Pico, «Tibet's Living Buddha», *Time Magazine*, 11 avril 1988.

KEWLEY Vanya, «A Life in the Day: The Dalai Lama», *The London Sunday Times*, Londres, 4 décembre 1988.

THURMAN A. F. Robert, *La Révolution intérieure ou la Recherche du véritable bonheur*, Trédaniel, Paris, 1998; éd. originale: *Inner Revolution: Life, Liberty, and the Pursuit of Real Happiness*, Riverhead Books, New York, 1998.